Hanns Joachim Friedrichs

Journalistenleben

Hanns Joachim Friedrichs

Journalistenleben

mit Harald Wieser

Droemer Knaur

Die Deutsche Bibliothek – CIP-Einheitsaufnahme

Friedrichs, Hanns Joachim:
Journalistenleben / Hanns Joachim Friedrichs.
Mit Harald Wieser. – München : Droemer Knaur, 1994
ISBN 3-426-26834-5

Die Folie des Schutzumschlags sowie die Einschweißfolie
sind PE-Folien und biologisch abbaubar.
Dieses Buch wurde auf chlor- und säurefreiem Papier gedruckt.

Umschlaggestaltung: Agentur ZERO, München
Umschlagfoto: dpa
© Vorsatzbild: Dirk Fischer, Hamburg
Satz: DTP ba · br
Druck und Bindearbeiten: Mohndruck, Gütersloh
Printed in Germany
ISBN 3-426-26834-5

2 4 5 3 1

Für Ilse

Der Guckkasten

Den schwarzen Holzkasten mit dem ovalen Fensterchen entdeckte ich im Schaufenster eines Elektrola-
dens in London, wenn ich mich recht erinnere, im Juli
1952. Der Laden lag in der Weymouth Street am Port-
land Place, und daß ich mich als junger, armer Deutscher, der sich als Rundfunkjournalist bei der BBC versuchte, in diese piekfeine Gegend verirrte, verdankte
ich einem ungewöhnlich sympathischen Playboy. Her-
bert von Buengner war der Sproß einer hanseatischen
Bankiersfamilie und trieb sich, um die Kniffe des elter-
lichen Geschäfts zu erlernen, in den Kontoren der Londoner Schroeder-Bank herum. Er fragte mich eines Tages auf einer Party, ob ich nicht Lust hätte, mit ihm eine
Wohnung zu teilen. Nicht, daß er ein armer Mann sei,
aber seine Affären seien in letzter Zeit so stark ins Geld
gegangen, daß er sich den Luxusschuppen, den er gern
mieten möchte, ohne partnerschaftlichen Obolus nicht
leisten könne. Ich wohnte damals in einem winzigen
Zimmer in einem Londoner Vorort, vom BBC-Studio, in
dem ich arbeitete, über eine Stunde entfernt; nicht nur
der kurze Weg zum Rundfunkgebäude reizte mich,
sondern auch die Aussicht, swinging London ein wenig

näherzukommen. Der lange Hamburger und ich bezogen die Wohnung in der Nähe des Regent Park und gaben uns fortan große Mühe, in unseren Räumlichkeiten etwas für die Völkerverständigung zu tun.

Ich mietete den kleinen schwarzen Kasten für zwei Pfund im Monat, schleppte ihn nach Hause, drückte auf einen Knopf und vernahm ein Piepen, ein Kratzen, Stimmen. Dann schneite es in dem Fensterchen vor meinen Augen, und plötzlich, zeitlupenlangsam, schälte sich ein Männchen aus der schwarzen Scheibe. Es flimmerte und zitterte, der Mann kam und verschwand wieder, er hielt wohl einen Vortrag. Ich hatte zum ersten Mal in meinem Leben ferngesehen.

Radio Days

Mit meinen dreiundzwanzig Jahren und ohne jede Rundfunkerfahrung war ich zu jener Zeit ein ganz kleines Licht in der BBC-Kathedrale, in der sich jeden Tag über zwanzigtausend Menschen versammelten. Wenn man einem ahnungslosen Gulliver hätte klarmachen wollen, was Deutschland durch das Dritte Reich an intellektuellem und moralischem Potential verlorengegangen war, hätte es genügt, ihm die Mitarbeiter des Deutschen Dienstes der BBC vorzustellen. Es waren

Männer und Frauen von überragender Bildung, zudem mit reicher Berufserfahrung, die sich in der Fremde allerdings kaum nutzen ließ: Juristen, Germanisten, Theaterleute, fast alles Juden, die vom Umgang mit der Sprache gelebt hatten. Und diese Sprache war Deutsch – nicht sehr nützlich für eine Karriere im England der Kriegs- und Nachkriegsjahre. Was sie bei der BBC leisteten, war hervorragend, aber eine ihrer Bildung und ihren Fähigkeiten angemessene Arbeit konnte das Übersetzen und Redigieren von Rundfunktexten nicht sein. Hitlers Herrschaft hatte sie aus der Bahn geworfen. Wenn sie verbittert waren – gezeigt haben sie es nicht. Bei der BBC hatten sie ein bescheidenes Auskommen gefunden, den meisten schien es zu genügen. An eine Rückkehr nach Deutschland oder Österreich dachte damals, Anfang der fünfziger Jahre, keiner.

In unserem düsteren Großbüro saß zum Beispiel der siebenundvierzigjährige Richard Friedenthal, der später mit seinen Biographien über Goethe, Luther und Marx zu Ruhm gekommen ist. Oder der dreißigjährige Erich Fried, einer der großen Lyriker der Nachkriegsepoche. In Hörspielen standen Künstler wie Theodor Bikell vorm Mikrofon, oder Lucie Mannheim, die zu Weimarer Zeiten als »Göttliche Jette« ein Star der Berliner Theaterszene war.

Zu denen, die nach dem Krieg für ein paar Jahre zur BBC kamen, gehörten Rudolf Walter Leonhardt, später Feuilletonchef der *Zeit;* Franz Woerdemann, der nach Köln zurückging und Chefredakteur beim Fernsehen des WDR wurde; und Werner Baecker, der Piccadilly nach einiger Zeit mit dem Broadway vertauschte. Wie alle Novizen hatte ich in den ersten drei Jahren Schichtdienst in der Nachrichtenredaktion, die auf dem Türschild schlicht als »Announcers/Translators« bezeichnet war. Umgeben von emigrierten Philosophen, Literaten, Juristen, Sozialwissenschaftlern und anderen von den Nazis verjagten Intellektuellen machte ich aus dem Material der BBC-Korrespondenten Rundfunknachrichten; ich übersetzte und redigierte die Texte und legte sie zum Abzeichnen dem »Editor« vor, einem deutschsprechenden Briten; oft war das mein späterer Freund Charles Wheeler. Dann eilte ich ins Studio und las vor – »Hier ist der Londoner Rundfunk« –, was ich soeben zu Papier gebracht hatte.

Von Mitternacht bis fünf Uhr früh war Sendepause. Ich ging über die Straße in ein finsteres Verlies, das sich »Dormitory« nannte, ein Schlafsaal mit einer blau lackierten Funzel an der Decke, in dem Vertreter aller Völkerschaften auf dünnen Matratzen in eisernen Bettgestellen auf landesübliche Weise vor sich hin schnarchten. Um kurz vor vier Uhr kam ein uniformierter Wachmann, tippte mir sanft auf die Schulter und flüsterte: »It's time, Sir.« Der Zyklus begann aufs neue: Nachrichten zu jeder vollen Stunde. News aus aller Welt für die Deutschen, Nachhilfe für ein Volk, das sich aus der Völkergemeinschaft ausgeschlossen hatte.

Der Reporter

Es muß um 1942 gewesen sein, in der »Jugendfilmstunde« des einzigen Herforder Kinos, als ich, damals vierzehn Jahre alt, gegen zwanzig Pfennig Eintrittsgeld den Film *Auf Wiedersehen, Franziska* sah. Der Held des Films war ein Berliner Reporter, der für eine große Zeitung und wohl auch für die *Wochenschau* unglaublichen Sensationen nachspürte: dem Zeppelinabsturz etwa oder dem Treiben finsterer Gestalten in China. Hans Söhnker spielte diesen Mann. Wenn er sich auf dem Bahnsteig, um wieder einmal in die Welt zu entschwinden, von Marianne Hoppe verabschiedete, seiner Braut Franziska, nahm er sie stets mit den gleichen Worten in den Arm: »Auf Wiedersehen, Franziska.«

Von meinem Rasiersitz in der ersten Kinoreihe aus habe ich nicht nur zu Hans Söhnker aufgeschaut; ich habe auch Marianne Hoppe angehimmelt, deren leise Melancholie ich unwiderstehlich fand und finde. Sie weiß es nicht, es wird sie auch nicht interessieren, aber sie kam meinem Bild von der idealen Frau sehr nahe.

Orientierung

Meine Familie lebte seit 1938 in Herford, einer Stadt in Ostwestfalen. Zur Schule ging ich dort vor dem Krieg nur zwei Jahre, nach dem Krieg dann noch einmal ein knappes Jahr, weil mein Kriegsabitur nicht anerkannt wurde und ich die Reifeprüfung also nachholen mußte. In Herford gab es in den ersten Jahren nach dem Krieg ein kleines Stadttheater. Einige später recht erfolgreiche Schauspieler – ich erinnere mich an Dirk Dautzenberg – haben auf der provisorischen Bühne in einem alten Logengebäude ihre Nachkriegskarriere begonnen. Sie gaben, was damals gefragt war: Thornton Wilders *Unsere kleine Stadt*, Jean Anouilhs *Antigone*, Borcherts *Draußen vor der Tür* – und alle acht Wochen einen Klassiker: *Kabale und Liebe*, *Minna von Barnhelm* und natürlich *Faust*. Ich denke, in dem Jahr, in dem ich notgedrungen wieder auf der Schulbank saß, habe ich keine einzige Aufführung ausgelassen. Geschäftsführer des Theaters war Klaus Mahlo, ein ehemaliger Luftwaffenoffizier aus Berlin, den es mit Frau und Tochter bei Kriegsende nach Westfalen verschlagen hatte und der die Zeit beim Theater dazu nutzte, um über den Einstieg in einen ganz anderen Beruf nachzudenken – den des Journalisten.

Das traf sich gut. Auch ich war damals entschlossen, mein Glück bei der Zeitung zu suchen. Mahlo, etwa zehn Jahre älter, wurde eine Art väterlicher Freund. Er meinte, Frankfurt am Main, das damals so etwas wie die heimliche Hauptstadt des Drei-Zonen-Gebildes Westdeutschland war, böte für Leute mit journalistischen Ambitionen gute Chancen. Nicht verkehrt sei sicher auch die richtige Hauptstadt, Berlin. Mahlo entschied sich für Frankfurt. (Knapp zehn Jahre später traf ich ihn in Köln wieder; er war Sendeleiter und später Fernsehdirektor beim WDR.) Durch einen seiner Frankfurter Kollegen hatte er für mich einen Kontakt zu einer Tageszeitung in Westberlin hergestellt, zum *Telegraf*. Ich würde dort zwar nicht dringend erwartet, ließ Mahlo mir ausrichten, aber wenn ich in Berlin sei, wolle man sich mit mir unterhalten. So kam ich nach Berlin.

Berlin

Es mag schon sein, daß mein Kinoheld Hans Söhnker bei dieser Reise eine gewisse Rolle gespielt hat. Auch er arbeitete schließlich für eine Berliner Redaktion, allerdings in den Nazi-Jahren, die sein Film so unterhaltsam übertünchte.

Wenn ich noch Illusionen hatte – die Realität des Lebens in der Vier-Sektoren-Stadt hat sie mir bald genommen. Beim *Telegraf* lief zwar alles reibungslos, für einen Volontär war immer Platz, aber mehr als zweihundert Reichsmark im Monat wollte mir das Blatt nicht zahlen. Siebzig davon mußte ich bei einer Deutschtürkin namens Achmed abliefern, in deren Wohnung ich ein winziges Zimmer bezogen hatte. Ich verdankte es meiner Vormieterin; Katharina Luthardt, Starreporterin des *Telegraf,* hatte wenige Wochen nach meiner Ankunft in Berlin beim *Spiegel* in Hannover einen neuen Job gefunden. Wohnungsprobleme wird sie dort nicht gehabt haben, und wenn, dann nicht sehr lange. Bald nach dem Umzug hat sie den Herausgeber geheiratet, Rudolf Augstein.

Berlin war damals das, was inzwischen fast jede deutsche Großstadt gern sein möchte: Medienhauptstadt. Es gab die Blätter der Besatzungsmächte, von denen nur *Die Tägliche Rundschau* der Sowjets tatsächlich in Berlin gemacht wurde; aber große Berliner Redaktionen (und viele Leser) hatten auch die beiden anderen, die in München erscheinende *Neue Zeitung* der Amerikaner und die von der britischen Militärregierung herausgegebene *Die Welt,* die in Hamburg saß. Mit ihnen konkurrierte die Lizenzpresse. Das waren Zeitungen deutscher Verleger, die zwar formal unter redaktioneller Kontrolle der Siegermächte standen, in der Praxis aber weitgehend tun und lassen konnten, was sie wollten.

14

Telegraf

Die Lizenz für den *Telegraf* hatten die Briten Paul Löbe erteilt. Er war gelernter Schriftsetzer, Sozialdemokrat und bis 1932 Präsident des deutschen Reichstags. Ich bin ihm nur einige Male höflich grüßend auf den Fluren begegnet und erinnere mich an seinen silbern schimmernden Bürstenhaarschnitt und die runde Nickelbrille. Manchmal war er in Gesellschaft einer anderen Mitarbeiterin beim *Telegraf* – Annedore Leber, der Witwe des von den Nazis hingerichteten Sozialdemokraten Julius Leber, der zu den Widerständlern des Goerdeler-Kreises gehört hatte und vor 1933, als Chefredakteur des *Lübecker Volksboten,* ein Mentor des jungen Willy Brandt war.

Nicht alle der leitenden Leute beim *Telegraf* waren aktive Sozialdemokraten, aber die meisten im Haus standen der SPD nahe. Das war im Berlin der späten vierziger und fünfziger Jahre nichts Ungewöhnliches. Im Ostsektor der Stadt war 1946 die SPD unter dem Druck der Sowjets mit der KPD gewaltsam zur SED verschmolzen worden. Das führte fast automatisch zur Solidarisierung vieler Westberliner mit den Sozialdemokraten. Die Menschen hatten, wenige Jahre nach dem Krieg, in böser Erinnerung, was eine Ein-Parteien-Herrschaft in Deutschland anrichten kann. Sie mußten befürchten, daß auch der Insel Westberlin ein ähnliches Schicksal bereitet sein könnte wie dem Ostsektor der Stadt. Und genau das hatten die Strategen in Moskau und Pankow ja auch vor. Die Blockade 1948 hat es bewiesen.

Lehrzeit

Ich bin heute noch dankbar dafür, daß mein erster Arbeitsplatz eine Nachrichtenredaktion war. Beim *Telegraf* leitete sie ein knorriger Ostpreuße, Hans Dawill. Von ihm habe ich gelernt, Wichtiges von Unwichtigem zu unterscheiden, aus hundert Zeilen fünfzig zu machen und zur Not aus zwanzig zehn, ohne den Informationsgehalt einer Meldung wesentlich zu schmälern. Daß die Essenz einer Nachricht möglichst schon im ersten Satz auftauchen und so verständlich sein sollte, daß ein Weiterlesen nicht zwingend nötig ist – das und vieles andere hat Hans Dawill seinen jungen Kollegen mit Engelsgeduld beizubringen versucht.

Nach anderthalb Jahren wechselte ich in die Lokalredaktion. Sie galt als ein Juwel der Berliner Presse, weil da zwei Chefs saßen, Hans Theobald und Rudolf Brendemühl, die selber pfiffig schreiben konnten und darauf achteten, daß auch die Jüngeren zu einem Stil fanden, der den Lesern angenehm auffiel. Unser Star war Kajo Reutlinger – und noch heute halten ihn viele für den besten Polizeireporter der Berliner Nachkriegszeit.

Blockade

Als die Sowjets im Juni 1948 über die Westsektoren eine totale Blockade verhängten, wurde es eng in Westberlin, in jeder Beziehung. Über Nacht waren zwei Millionen Menschen vom Westen radikal abgeschnitten. Mit ihrer zweiten Deutschland-Offensive versuchten die Sowjets, gewaltsam durchzusetzen, was ihnen bei Verhandlungen mit den Westmächten nicht gelungen war: die Einverleibung der ganzen Stadt in Moskaus Machtbereich. Westberlin, der Pfahl im Fleisch der Sowjetischen Besatzungszone, sollte verschwinden, das Guckloch im Eisernen Vorhang zugenagelt werden. Die von Amerikanern und Briten eingerichtete Luftbrücke hat die Stadt gerettet; ohne die Versorgung aus der Luft wäre Westberlin den Kommunisten nach wenigen Wochen in den Schoß gefallen wie eine reife Frucht.

Fast ein ganzes Jahr lang gab es für die Berliner Presse kaum ein anderes Thema als die tausend Facetten des Lebens in der bedrohten Stadt. Nie wieder hat der Flughafen Tempelhof so viele Stories hergegeben wie in den Jahren '48/49. Als ich in der Halle wieder einmal auf irgend etwas oder irgend jemanden wartete, fiel mir ein kleiner, etwa sechsjähriger Junge auf, der versuchte, mit einer Dame hinter einem Schalter ins Gespräch zu kommen. Es klappte nicht. Mehr als seine Hände, in denen er ein Stück Papier hielt, konnte die Schalterperson nicht sehen, und vorbeugen wollte sie sich nicht. Da stand er nun im Gewühl der Menschen und begriff die Welt nicht mehr. Als ich ihn ansprach, um ihn ein bißchen zu trösten, ahnte ich nicht, daß er mir zu einer Geschichte verhelfen würde, die in meiner Berliner Zeit zwar nicht die beste, aber die wirkungsvollste werden sollte. Es stellte sich heraus, daß der kleine Helmuth Krause von seiner Großmutter, die in der Nähe von Hannover wohnte, einen Brief bekommen hatte. Die Oma lud ihn ein, sie auf dem Lande zu besuchen. Da gebe es Milch und andere schöne Sachen und in der Nachbarschaft viele Tiere. Mit diesem Brief war er vom Halleschen Tor, wo seine Eltern lebten, nach Tempelhof gewandert, in der kindlichen Erwartung, man würde ihn, wie so viele andere, in ein Flugzeug setzen und in den Westen fliegen. Daß es so einfach nicht geht, habe ich ihm behutsam klarzumachen versucht und anschließend in der Redaktion über ihn eine kleine Geschichte geschrieben. Gleich am nächsten Tag meldete sich jemand von der britischen Militärregierung und versprach, den kleinen Krause nach Faßberg zu fliegen, auf den britischen Luftstützpunkt in der Lüneburger Heide, nicht allzu weit von Hannover entfernt. Das haben wir natürlich auch gemeldet. Und da die Amerikaner dies ebenfalls für eine gute Idee hielten, entstand nach und nach eine Art Kinder-Luftbrücke.

Viele Jahre später, ich war längst beim Fernsehen, bekam ich von Krause senior einen Brief. Darin stand, sein Sohn Helmuth sei mit sechzehn gestorben.

18

Presseoffiziere

Zu den Auserwählten, die mit dem Auto vor dem Verlagsgebäude im Grunewald vorfuhren – im Dritten Reich war darin die Hauptverwaltung des Reichsarbeitsdienstes untergebracht –, gehörten zwei Uniformierte, die für den *Telegraf* zuständigen britischen Presseoffiziere. Der eine sprach fließend Deutsch, mit starkem slawischen Akzent. Er hatte offenbar noch andere Interessen in der Stadt – jedenfalls erschien er viel seltener als sein Partner. Erst Jahrzehnte später wurde mir klar, womit er einen großen Teil seiner Berliner Zeit verbracht haben muß – mit dem privaten Erwerb eines renommierten Wissenschaftsverlags, der zur wirtschaftlichen Grundlage eines Medien-Imperiums werden sollte. Der Mann hieß ursprünglich Ludvik Hoch und nannte sich später Robert Maxwell. 1991 kam er unter mysteriösen Umständen ums Leben. Erst zu diesem Zeitpunkt stellte sich heraus, daß er einer der größten Betrüger dieses Jahrhunderts war.

Besser als Maxwell kannte ich Captain Turner, den anderen der beiden Presseoffiziere, ein Bilderbuchbrite mit leisem, trockenen Witz, nie aufgeregt, stets freundlich. Sein Deutsch war ziemlich kümmerlich – es hat ihn nicht gestört, wenn ich unsere gelegentlichen Begegnungen benutzte, um mein in der Gefangenschaft erworbenes Englisch auszuprobieren. Vielleicht war es das, vielleicht mochte er mich auch einfach, jedenfalls nahm er mich eines Tages zur Seite und fragte mich, ob ich Lust hätte, für sechs Wochen nach England zu reisen.

Ich konnte mein Glück kaum fassen – ich nach England, noch dazu auf Einladung der Regierung? Der Verlag war einverstanden, und so fuhr ich, ausgestattet mit einem provisorischen Reisepaß und ohne einen Pfennig Geld, im Frühjahr 1949 mit Bahn und Fähre nach London und von dort per Bus in die Grafschaft Buckinghamshire, nach Wilton Park.

Wilton Park

Während des Krieges hatten die Briten in dem riesigen Gelände rund um den Herrensitz Wilton Park eine Reihe von Baracken aufgestellt. Dort brachten sie deutsche Kriegsgefangene unter, von denen sie glaubten, daß sie vom Gift der braunen Ideologie nicht oder kaum infiziert seien. Diese »white prisoners«, so die Spekulation der Briten, müßten gute Aussichten haben, nach dem Krieg eine Rolle im öffentlichen Leben des Staates zu spielen, der irgendwann an die Stelle des Dritten Reiches treten würde. Da könne es kaum schaden, wenn diese politisch unverdächtige Elite Großbritannien, seine demokratischen Institutionen und die

Lebensart seiner Menschen in guter Erinnerung habe,
also ein wenig anglophil gepolt sei.

Das hat im großen und ganzen funktioniert. Auch
wenn in vielen deutschen Nachkriegsbiographien die
Spuren von Wilton Park stark verwischt sind oder gar
nicht erst aufscheinen – eine stille Vorliebe für den
»British way of life« ist den meisten, die dieses Minia-
tur-College besucht haben, geblieben. Als die Kriegs-
gefangenen nach Hause zurückgekehrt waren, gingen
die Briten daran, auch Zivilisten aus dem Nachkriegsdeutschland diese Erfahrungen zugänglich zu machen.
So entstand auch die Gruppe, mit der ich im Frühjahr
1949 in Wilton Park einrückte. Der spätere Wehrbeauf-
tragte Willi Berkhahn war dabei, einer der engeren
Freunde Helmut Schmidts, und Inge Scholl, deren Geschwister zum Widerstandskreis der Weißen Rose gehörten und 1944 hingerichtet worden waren. Dem Rektor, Professor Koeppler, standen sechs Dozenten zur
Seite, die mit Ausnahme eines Sudetendeutschen ge-
bürtige Briten waren, aber fehlerfrei Deutsch sprachen. (Ich habe die Behauptung so vieler Engländer,
nein, Talent für fremde Sprachen hätten sie leider
nicht, immer für ein kokettes Understatement gehalten. In meiner Londoner Zeit gab es etwa fünfzig Un-
terhausabgeordnete, mit denen man sich ohne Mühe
auf deutsch unterhalten konnte. Und gut ein Drittel der
Simultan-Dolmetscher im UN-Hauptquartier in New
York sind Briten.)

Was uns die Dozenten in Wilton Park boten, war ein

Kompaktkurs über die Strukturen einer parlamentarischen Demokratie am Beispiel Großbritanniens. Wie entstehen Gesetze? Was darf ein Abgeordneter, was darf er nicht? Was sind die Aufgaben politischer Parteien, wie funktionieren sie? Was bedeutet eine Verfassung? Was leisten Gewerkschaften? Welche Rolle haben Presse und Rundfunk?

Das alles ist relativ leicht zu beantworten nach fünfundvierzig Jahren demokratischer Übung in Bonn und anderswo, aber damals hatten die meisten, die die Weimarer Republik nur vom Hörensagen oder aus der Nazi-Propaganda kannten, kaum mehr als einen blassen Schimmer vom politischen Instrumentarium einer Demokratie. Auch die Kunst, mit Anstand an einer Diskussion teilzunehmen oder gar sie zu leiten, übten wir. Das Wort Streitkultur war noch nicht erfunden.

Bush House

Sechs Wochen im Lager sind sechs Wochen im Lager, auch wenn das Gelände ein Park ist. Damit es nicht bei rein theoretischer Einweisung in das Labyrinth politischer Strukturen bleibe, hatte Rektor Koeppler ein-, zweimal in der Woche eine Busfahrt ins Programm genommen mit dem Ziel, unserer Gruppe die Zentralen der Mächte zu zeigen, mit denen wir uns beschäftigt hatten. So kamen wir ins Unterhaus, in die Hauptquartiere der Konservativen und der Labour Party, zum Trade Union Congress, der in Großbritannien etwa unserem DGB entspricht, ins Zeitungsviertel Fleet Street und irgendwann auch in die British Broadcasting Corporation, die weltberühmte BBC. Sie ist in London über mehrere Stellen verteilt.

Meine Gruppe fuhr ins Bush House. Das ist ein riesiger, halbrunder Gebäudekomplex, in dem der Overseas Service und alle Auslandsredaktionen untergebracht sind, auch die deutsche Sektion, die ja für die britische Propaganda im Krieg eine einzigartige Rolle gespielt hat. Von den Veteranen jener Zeit waren noch einige im Dienst, wie Lindley Fraser zum Beispiel, der inzwischen der Chef geworden war. Er begrüßte uns und ließ uns dann von einem jungen Engländer die Studios und Redaktionen zeigen. Beim Pausentee fragten unsere Gastgeber, ob in unserer Gruppe jemand aus Berlin sei. Der einzige, der sich guten Gewissens melden konnte, war ich. Wie es denn so sei als Lokalreporter in der belagerten Stadt, wollten die BBC-Leute von uns wissen, und ob ich Lust hätte, das vielleicht für den Funk mal zu erzählen. Ich hatte Lust, wen wundert's.

In drei Nächten schrieb ich auf, was mir beim Gedanken an Berlin durch den Kopf ging. Ein paar Tage später fuhr ich mit einem Green Line Bus zurück nach London, wurde in ein Studio geführt, sprach meinen

Text und kassierte neun Guineas – das waren über hundert Mark, eine für mich astronomische Summe. Aus London habe ich dann lange nichts mehr gehört. Fast ein Jahr später kam ein Anruf, und dann folgte ein Brief, in dem mir die BBC anbot, zunächst für drei Jahre im German Service zu arbeiten. Ich hatte damals gerade ein Studium angefangen – und zögerte keine Sekunde, es sausen zu lassen. Im Dezember 1950 meldete ich mich in London zum Dienst.

Die Arnsteins

In London wohnte ich vorübergehend im »BBC Hostel«, einer Herberge für junge Leute, die von weit her zur BBC gekommen waren – Inder, Ägypter, Hongkong-Chinesen, Europäer aller Nationalitäten. Es hätte eine wilde Zeit werden können, aber die Hausordnung war von mönchischer Strenge, und nach spätestens vier Wochen mußte sowieso jeder hinaus ins Londoner Leben.

Von einer unserer Sekretärinnen hörte ich, daß im Norden der Stadt eventuell ein möbliertes Zimmer zu mieten sei. Ich rief eine Nummer in Hendon an und muß das wenige, was ich auf englisch zu sagen hatte, wohl so leidlich ausgesprochen haben, daß die Vermieterin mich zu einem Gespräch in ihr Haus bestellte. Sie hieß Mrs. Arnstein. Als ich vor ihr stand und meinen Namen nannte, war sie sichtlich irritiert. Ein junger Deutscher in ihrem Haus – das konnte sie sich nicht vorstellen. Die Arnsteins waren eine jüdische Familie aus Hamburg, die dem Nazi-Terror in letzter Minute mit Hilfe englischer Freunde entkommen konnte. Mrs. Arnsteins Verwirrung überraschte mich nicht. Der Krieg war gerade fünf Jahre vorbei, ich war erkennbar zu jung, um darin eine Rolle gespielt zu haben, aber woher sollte sie wissen, ob nicht ein anderer in meiner Familie ein SS-Mann war oder sonst ein Nazi?

Ihr gutes Herz siegte, sie nahm mich auf und wies mir ein winziges Zimmer mit einem Klappbett zu. Am Abend traf ich dann die anderen Mitglieder der Familie: Herrn Arnstein, der sich mit großen Mühen ein kleines Bijouterie-Geschäft aufgebaut hatte und jedes Pfund Sterling gut gebrauchen konnte; die Großmutter Rosi Spitzer, die nach den Erlebnissen der Verfolgung in ihrer Heimatstadt Hamburg nur noch ungern Deutsch sprach, obwohl sie mit dem Englischen ziemliche Schwierigkeiten hatte; und die Tochter Doris, etwa in meinem Alter, der ich auch nach dem Umzug in ein größeres Quartier freundschaftlich verbunden blieb.

1933

Ich war fünf, als die Nazis 1933 die Macht übernahmen. Ohne die Gründe zu begreifen, spürte ich, daß im
Leben unserer Familie einiges durcheinandergeraten
war. Mein Vater ging nicht mehr, wie sonst, Schlag sieben aus der Dienstwohnung durch einen langen Korri-
dor in sein Amtszimmer, er blieb zu Hause. Das war
mir recht, aber warum er das tat, merkte ich erst, als
die Möbelpacker kamen, um unseren Hausrat in das
benachbarte Hamm zu transportieren – mein Vater, der
stramme Preuße, war wenige Wochen nach der Macht-
ergreifung abgesetzt worden, politisch untragbar für
die neuen Herren, unbelehrbar, unkooperativ, ein hoff-
nungsloser Fall. Die goldene Brücke, durch ein öffent-
liches Solidaritätsbekenntnis oder gar die Mitgliedschaft in der NSDAP seinen Job zu retten, mochte er
nicht betreten. An dieser konsequenten Verweigerung
jeder Art von Nähe zum braunen Regime hat sich auch
später nichts geändert, obwohl es immer wieder Versuche gab, ihn, den ehemaligen Offizier und Träger
des Eisernen Kreuzes 1. Klasse, auf den rechten Weg
zu führen.

Diese Haltung hat auf mich erst sehr viel später Eindruck gemacht. Es hat lange gedauert, bevor ich begriff, wieviel Zivilcourage dazu gehört haben muß, sich
den Nazis total zu verweigern – in einer Zeit, in der viele, die deutschnational dachten wie mein Vater, genau

das nicht taten, sondern das Gegenteil. Deshalb hat mich das Argument »Ich mußte ja, ich hatte Familie« nie überzeugt. Keiner mußte, der nicht wollte. Das galt im Dritten Reich wie später in der DDR. Aber leichter, und am Ende folgenloser, war in den meisten Fällen der faule Kompromiß.

Der Vater

Meine früheste Kindheitserinnerung sind die Hände meines Vaters. An beiden Händen waren die Finger abgefroren, vier Finger links, vier Finger rechts nur noch Stumpen. Seine beide Daumen waren die einzig beweglichen Glieder an seinen Händen. Im Ersten Weltkrieg war er sehr früh in französische Gefangenschaft geraten und in einem Lager in den französischen Alpen interniert worden. Gemeinsam mit drei anderen Soldaten hatte er, ohne schützende Ausrüstung, die Flucht über die eisigen Alpen riskiert. Sie ist ihm schließlich gelungen, aber er hat sie mit abgefrorenen Fingern bezahlt. Und so mußte er lernen, mit Daumen und Handballen fertigzubringen, was andere Leute mit gesunden Händen tun: schreiben, sich rasieren, ein Glas halten, sich die Schnürsenkel und die Krawatte binden. Allerdings hörten wir Kinder ihn nie darüber klagen.

Und wenn mir mein Vater fürs Leben etwas mitgegeben hat, dann war das der Respekt vor seiner Geschicklichkeit und der anderer; und daraus wurde wohl eine gewisse Bewunderung für Menschen, die mit einem Handicap durchs Leben gehen müssen.

Ventotene

Nach der Flucht wurde mein Vater hinter der italienischen Grenze aufgegriffen und auf Ventotene, einer Gefängnisinsel in der Bucht von Neapel, interniert. 1916 wurde er mit anderen deutschen Gefangenen ausgetauscht und nach Hause geschickt. Nun könnte man meinen, es gebe keinen vernünftigen Grund, aus einem Gefängnisaufenthalt angenehme Gefühle herzuleiten. Das war bei meinem Vater anders: Er hat die Zeit in Ventotene nie vergessen. Der Name der Insel wurde für uns Kinder ein vertrauter Begriff, er war lange Zeit das einzige italienische Wort, das wir kannten: Ventotene, das Land, das den Wind aufhält. Denn der Vater, ein preußisch erzogener Herr, hatte in Ventotene Erfahrungen gemacht, wie er sie zuvor nicht gekannt hatte. Er war unbeschwerten, sehr emotionalen Menschen begegnet und empfand seitdem eine stille Liebe zur Leichtigkeit der Italiener und ihrem Land.

Nach dem Krieg war er einige Male mit meiner Mutter in Ventotene. Während einer dieser Reisen spazierten die Eltern durch den Ort und sahen sich in einem winzigen Geschäft, einem Allerlei-Laden, nach irgendwelchem Trödel um. Da erschien der betagte Besitzer hinter dem Ladentisch, sah die Hände meines Vaters und rief:»Capitano, Capitano!« Der alte Mann hatte seinen deutschen Kunden nach mehr als dreißig Jahren an dessen verstümmelten Händen wiedererkannt. Von der deutschen Lebensweisheit, daß erst die Arbeit und dann der Wein komme, erfreulich unbeeindruckt, schloß der *cassiere* unverzüglich seinen Laden, stellte beglückt palavernd einen Pappkarton mit der Aufschrift *chiuso* ins Fenster, zeigte meinen Eltern die Insel – und was sich auf ihr verändert hatte. Diese spontane Herzlichkeit hat das Italienbild meines Vaters bestärkt, wenn es denn überhaupt noch einer Bestärkung bedurfte.

Auch mein Bruder, der heute Arzt in Moskau ist, fuhr in den sechziger und siebziger Jahren mehrere Male nach Ventotene; aus sentimentalem Antrieb, wie er freimütig eingestand. Ihn zog, geradezu melancholisch, der Ort an, in dem sein Vater schwierige, aber am Ende glückliche Lebensjahre verbracht hatte. Und diesen Ort wollte er nicht nur aus Erzählungen kennen.

Pelkum

Als ich 1927 geboren wurde, war mein Vater Bürgermeister des Amtes Pelkum, des damals größten Amtes in Preußen. Obwohl er kein Westfale war, wurde er Bürgermeister in einer Gemeinde, die vorwiegend vom Bergbau lebte. Zu dieser Gemeinde und ihrer Zechenlandschaft, in der ich aufgewachsen bin, zählten auch Siedlungen wie Herringen. Wie in vielen Bergarbeitergemeinden der zwanziger Jahre gab es auch in Herringen unablässig Streitereien zwischen den traditionell starken Roten und der Staatsmacht. Bei einer Straßenschlacht zwischen kommunistischen Bergarbeitern und Freikorps-Soldaten wurden in den frühen zwanziger Jahren im kleinen Herringen mehr als hundert Menschen erschossen, die meisten von ihnen Kommunisten. Die Angehörigen, so haben mir meine Eltern erzählt, haben die Toten auf ihre Handkarren, die sogenannten Bollerwagen, gelegt und sie dann auf dem Friedhof in Pelkum begraben. Nach 1933, in der Nazi-Zeit, war dieses Pelkumer Massengrab ein verbotener Ort; ein Besuch hätte vermutlich unangenehme Fragen ausgelöst. Nach dem Krieg wurde das Grab eine Art Wallfahrtsstätte für die vergleichsweise wenigen Kommunisten, die es im westlichen Deutschland noch gab. Es war das ganze Jahr über mit Blumen geschmückt, und am 1. Mai kamen Kränze mit roten Schleifen hinzu.

Das Grab der damals ums Leben gekommenen Bergleute würde ich noch heute mit verbundenen Augen
finden. Kumpel mag ich sie nicht nennen. Mit geborg-
tem proletarischem Pathos hat diese Zurückhaltung
nichts zu tun. Ich habe schon früh zu respektieren gelernt, daß Bergleute die Anrede Kumpel nur aus dem
Munde anderer Bergleute schätzen. Alles andere ist
unangemessene Anbiederung.

Falsche Intimität

Ich will diese Marginalie nicht überbewerten. Doch
vielleicht war es dieser früh erworbene Respekt, der
mein Mißtrauen gegenüber Zeitgenossen geschärft
hat, denen Kumpaneien ganz anderer und doch ähnli-
cher Art mühelos über die Lippen gehen. Ich meine die
Talk-Show-Fürsten des Fernsehens, bei denen es üblich geworden ist, nahezu jeden Gast zu duzen und wie
ein Familienmitglied zu behandeln. Um ihn, wenn das
Rotlicht ausgeschaltet ist, nicht mehr zu kennen. Ich
gebe zu, daß ich oft nicht den Mut hatte, mich gegen
diese fixen Vertraulichkeiten zu wehren, vielleicht weil
ich dachte, es könnte mir als kleinlich oder hochmütig
ausgelegt werden. Aber mich irritiert diese lockere In-
besitznahme. Ich mag es nicht, wenn mir ein wildfrem-

der Mensch auf die Schulter klopft und mein Erstaunen dann auch noch mit einem »Hallo, Hajo« quittiert. Der amerikanische Soziologe Richard Sennett hat für Ranschmeißereien dieser Art das Wort von der »Tyrannei der Intimität« gefunden. Ich will nicht mit Kanonen auf Spatzen schießen, aber auf den Talk-Show-Couchen hat sich diese Tyrannei längst breitgemacht. Sie kokettiert mit dem Privaten und verletzt es dabei unablässig.

Die Mutter

Meine Mutter war eine wundervolle Person – wach, patent, dabei sanft und gütig. Sie stammte aus einer Bauernfamilie, die einen ansehnlichen Hof an der Ruhr besaß. An diesen Hof habe ich die schönsten Erinnerungen. Die Ruhr ist ja keineswegs nur so, wie man sie sich gewöhnlich vorstellt, nämlich verqualmt und dreckig, gesäumt von Schornsteinen, Fördertürmen und Kohlehalden. Das Revier in manchen Regionen hat auch etwas Liebliches, beinahe wie der Harz oder Teile des Schwarzwaldes, mit Hügeln und Weiden und kleinen Kirchen. So jedenfalls habe ich die Landschaft als Kind gesehen, und so sehe ich sie auf gelegentlichen Reisen noch heute.

Meinen Vater hat meine Mutter auf einem Ball kennengelernt. Doch zuvor hatten ihre Eltern dafür gesorgt, daß sie in einem Pensionat bei Hannover eine, wie man damals sagte, Ausbildung zur »höheren Tochter« genoß. Ob diese gymnasialen, vorwiegend auf die Rolle als treusorgende Ehefrau vorbereitenden Benimm-Kurse wirklich die reine Freude waren? Doch für meine Mutter in ihren jungen Jahren war diese Erziehung das, was sie wohl erwartet hatte, die Normalität für die Töchter der bäuerlichen Gesellschaft jener Zeit. Sie fand nichts Unschickliches daran, keinen Beruf zu erlernen, sondern sich eine Lebensart anzueignen, die es ihr erlauben würde, an der Seite des späteren Ehemannes mit Anstand und Geschick durchs Leben zu kommen. So hat sie es dann auch gemacht. Von meinem Vater tief beeindruckt, hat sie ihm, sicher häufig auf Kosten eigener Wünsche, hingebungsvoll gedient. Aus heutiger Sicht ist das ein prekäres Etikett. Aber sie war ein Kind der wilhelminischen Zeit, Emanzipation konnte ihre Sache nicht sein. Später, viel zu spät natürlich, hat sie diesen Verzicht auf Eigenständigkeit manchmal leise beklagt.

Die Großeltern

Trotz einer behüteten Kindheit im Hause der Eltern war ich am liebsten bei den Großeltern. Meine Erinnerung an sie ist in Silber eingefaßt. Als kleiner Kerl habe ich, wenn es auf die Schulferien zuging, vor dem Einschlafen oft Stunden wach gelegen und mir die bevorstehenden Wochen auf ihrem Hof ausgemalt.

An der Großmutter zog mich ihre rührende Besorgnis an und ihre ermutigend geduldige Freundlichkeit. Wie lange ich auch in meinem Gedächtnis krame: Mir gerät nicht ein einziger Moment ins Bild, in dem ich sie unbeherrscht oder laut erlebt hätte. Ich weiß, wie riskant es ist, von den Eigenschaften anderer Menschen in der Familie auf den eigenen Charakter zu schließen. Aber ich bin wohl auch eher einer von der Sorte der Leisen. Das mag auch daran liegen, daß meine Stimme eher klein ist, und ich habe allen Grund, froh darüber zu sein, daß irgendwann das Mikrofon erfunden wurde. Ohne Verstärker kann ich mich kaum verständlich machen, wenn mehr als zehn Menschen in einem Raum sind.

Meinen Eltern war meine enge Bindung an die alten Leute an der Ruhr nicht verborgen geblieben. Und so erlaubten sie mir, die Sommermonate auf dem Hof der Großeltern zu verbringen. Zu deren Besitz gehörte neben den Pferden, Kühen, Hühnern und Hunden auch das Fischereirecht für einen kleinen Abschnitt der

Ruhr. Der Großvater hatte es an einen Süßwaren-Kaufmann verpachtet. Dieser wortkarge Mann hat mir das Angeln beigebracht – und mich gelehrt, daß Stille über Stunden eine wunderbare Sache sein kann. Die Pacht wurde übrigens in Naturalien bezahlt: Marzipanfrüchte, die mein angelnder Freund selbst herstellte.

An meinem Großvater faszinierte mich seine Erzählkunst. Er war ein passionierter Jäger, und er konnte, augenzwinkernd und schmuckvoll übertreibend, mit allerlei Abenteuern aufwarten, die einen Dreikäsehoch wie mich immer wieder begeisterten. Vielleicht waren diese Erzählungen des Großvaters in den dreißiger Jahren für mich so etwas wie für die heutigen Kinder das Fernsehen.

Das Internat

Im zweiten Kriegsjahr, 1940, wurde mein Vater im reifen Alter von einundfünfzig und trotz seiner verstümmelten Hände zum Militär eingezogen. Das war ihm nicht unangenehm, weil er als Uniformierter Nachstellungen der Partei nicht mehr befürchten mußte. Es gab damals eine gesetzliche Regelung, nach der die Mitgliedschaft in einer Partei während der Zeit des Wehrdienstes zu ruhen hatte, ein Relikt aus der Zeit der Weimarer Republik, mit dem die Illusion einer unpolitischen Reichswehr vorgegaukelt werden sollte. Das hatte zur Folge, daß einer, der nicht in der Partei war, diese Mißlichkeit nicht ständig erklären mußte.

Mein Vater war für den Dienst an der Front nicht mehr zu gebrauchen. So machte man ihn zunächst zu einer Art Bahnhofskommandant irgendwo im Westfälischen. Später schickte man ihn nach Neapel; dort hatte er sich um Soldaten des Afrika-Korps zu kümmern, die entweder auf dem Weg zur Front oder in Richtung Heimat unterwegs waren. Meine Mutter saß derweil mit vier Kindern zu Hause in Herford. Weil sich bei mir die ersten pubertären Regungen zeigten, mit denen fertig zu werden nicht nur ich gewisse Schwierigkeiten hatte, und weil zudem mein Lerneifer die jüngeren Geschwister nicht gerade zu inspirieren schien, beschlossen die Eltern, mich zur Entlastung der Familie auf ein Internat zu schicken.

Die Wahl fiel auf das staatlich Hennebergische Gymnasium und Alumnat in Schleusingen im Thüringer Wald, nicht weit von Suhl – ein paar Jahre später würde man sagen »dicht an der Zonengrenze«. Mein einziger Vetter war schon dort, es gefiel ihm gut. Bald nach meiner Ankunft merkte ich, warum das so war. Er war soeben in die Oberstufe aufgestiegen und gehörte damit zur Schicht der Privilegierten, die nach dem Muster der preußischen Kadettenanstalt ihre wichtigste Aufgabe darin sah, die jüngeren Jahrgänge durch allerlei schikanöse Aufträge permanent auf Trab zu halten.

Abschied vom Elternhaus also. Ich wußte es damals

nicht, aber es war ein Abschied für immer. Nur als Besucher bin ich später nach Herford zurückgekehrt – wenn ich absehe von dem knappen Jahr, das ich nach dem Krieg brauchte, um (wieder auf dem Friedrichs-Gymnasium) das mir nachgeschmissene Kriegsabitur in ein richtiges umzuwandeln.

Die Wette

Das Thüringer Land war um 1940 eine von den Schrekken der Kriegszeit noch relativ unberührte Provinz. Die Stiefel der neuen Herren traten anderswo durch die Tür, und auch ihre Bomben bekamen andere Menschen zu spüren. Ich mag mir nicht ausmalen, was aus mir geworden wäre, wenn weniger zweifelnde Eltern mich erzogen und in eine der »Napolas«, der nationalpolitischen Erziehungsanstalten, gesteckt hätten, in denen selbst die Musikstunde dazu benutzt wurde, die jungen Leute zu kleinen Nazis abzurichten. Das Thüringer Internat jedoch war keine Kaserne, sondern ein vom Kommandoton freier Hort, der, was mir erst im Rückblick klargeworden ist, besonders von Eltern geschätzt wurde, die vom Dritten Reich nicht viel Gutes zu erwarten hatten. Die Lehrer haben nicht versucht, uns geistig zu vergewaltigen. Sie trugen uns ihren Goethe,

ihren Cäsar und Pythagoras mehr in einer Art Feuer-
zangenbowle-Atmosphäre vor, die mitunter auch rauh
sein konnte. Und wenn wir Schüler uns nicht getäuscht
haben, dann war nur einer von ihnen ein richtiger Nazi. Aber selbst der hielt sich im Unterricht zurück.

Ob er eine halbe Portion wie mich wohl verpfiffen
hätte, wenn er im Winter '42 Zeuge einer Spielerei
geworden wäre? Ich ging in die Obertertia, da bot mir
mein Klassenkamerad von Hollidt, dessen Vater als
Oberst an der Front stand, auf dem Internatshof eine
Wette an. Von Hollidt schwor auf den Endsieg der deutschen Soldaten. Ich hielt aus Trotz dagegen: »Wir verlieren den Krieg!« Ich habe die Wette bekanntlich gewonnen. Ich konnte nicht ahnen, daß es am Ende mehr
als fünfzig Millionen Menschen waren, die dem Krieg
zum Opfer fielen; unter ihnen, wer weiß, vielleicht
auch der Oberst von Hollidt.

John Franklin

In Sten Nadolnys wunderbarem Roman *Die Entdek-
kung der Langsamkeit* wird die merkwürdige Geschichte des britischen Kapitäns John Franklin erzählt,
der so langsam war, daß er keine Bälle fangen konnte.
Man möge meinem Vergleich zugute halten, daß er

hinkt wie alle Vergleiche: Doch dieser John Franklin könnte sich, beinahe hundert Jahre nach seinem Tode, in einem zweiten Leben unter meinem Namen in jenem Thüringer Internat aufgehalten haben. Ich habe Nadolnys Roman jedenfalls wie die Beschreibung eigener Unzulänglichkeiten gelesen. Denn auch viele meiner Bewegungen sind langsam, auch ich war als Kind eher täppisch und ungeschickt, körperlich schlecht koordiniert, würden die Physiologen heute sagen. Wenn man mir zwei Bälle gibt und mich auffordert: Mach mit der Rechten dies und mit der Linken jenes, muß ich erst nachdenken und mache es dann trotzdem falsch. Das anderen Kindern natürliche Gefühl für harmonische Abläufe war bei mir einfach nicht vorhanden. Wenn ich aber Sten Nadolny folge, dann war dieser Mangel bei meinem behinderten Vorfahren, dem Kapitän John Franklin, eine Medaille mit zwei Seiten: Dessen körperliche Not, seine unbeholfene Langsamkeit, erscheint in anderem Zusammenhang als eine Tugend. John entwickelte infolge seiner geringen Beweglichkeit eine abwägende Orientierung, ein geradezu altmodisch humanes Verantwortungsgefühl und den vorsichtigen Respekt vor Menschen und Dingen. Ob ähnliche Charakterzüge auch auf mich zutreffen, sollen andere entscheiden. John Franklin soll aber auch über eine besondere Genußfähigkeit verfügt haben – und dieses Bekenntnis zu seinem hedonistischen Erbe, seinem Genußsinn, nehme ich gerne für mich in Anspruch.

Auf der Balz

Nicht ganz, aber fast so erfolglos wie im Umgang mit Bällen war ich bei der Balz. Das hatte zunächst eine einfache Erklärung: Es gab zum Balzen keinen Anlaß. Wir hatten nur ein einziges Mädchen in unserer Klasse, die Tochter eines Kaufmanns am Ort, die, so glaubten wir zu wissen, in festen Händen war. Als die Bombenangriffe auf die Städte im Reich zunahmen, flüchteten viele Familien aufs Land, andere schickten wenigstens die Kinder in die vermeintlich sichere Provinz. Auf diese Weise vergrößerte sich unsere Klasse um drei junge Mädchen aus Berlin.

Wir haben sie aus tiefer Überzeugung freudig begrüßt und unablässig umworben. Ich könnte mir denken, daß ihnen unsere Anschleichvarianten schon vor fünfzig Jahren so komisch vorgekommen sind wie mir heute, und wenn Lächerlichkeit töten könnte, hätte keiner von uns Jungen lange überlebt. Für sie, von denen zwei kühle, kesse Großstadtkinder waren, muß das Balzritual der Buben aus der Provinz ein Quell steter Heiterkeit gewesen sein. Aber sie waren taktvoll genug, ihre Belustigung still zu genießen. Von pubertierenden Jünglingen umschwärmt zu werden hat ja auch seine Vorteile; es spart Arbeit und schont das Taschengeld.

Gisela

Eine der Berlinerinnen, sie hieß Gisela, war stiller und ernster als die anderen. Sie ging häufig eigene Wege und hatte offenbar wenig Sinn für die lärmende Fröhlichkeit der Hahnenkämpfe in einer gemischt besetzten Gymnasialklasse. Obwohl ich selber Mühe hatte, eine gewisse Schüchternheit zu überwinden (ganz habe ich das bis heute nicht geschafft), fand ich sie am Anfang einfach mopsig, ein bißchen überheblich, so, als wären wir ihr nicht gescheit genug; und vielleicht waren wir das ja auch nicht. Nach einer Weile glaubte ich zu ahnen, daß sie ein Problem mit sich herumtrug, das mit uns und mit der Schule nichts zu tun hatte. Es war nur eine Vermutung, und dabei ist es lange geblieben. Sie mochte nicht reden, nicht über sich, nicht über ihre Familie, kaum über andere – warum sollte sie sich Menschen offenbaren, die sie kaum kannte und allem Anschein nach auch nicht besonders schätzte?

Erst nach dem Krieg habe ich herausgefunden, was es mit ihrem Geheimnis auf sich hatte. Gisela stammte aus einer kommunistischen Familie, der es, soweit ich weiß, gelungen war, den Nazis nicht in die Hände zu fallen. Als ich 1947 beim Westberliner *Telegraf* mein Volontariat begann, erfuhr ich, daß Gisela im selben Gewerbe im Ostsektor tätig war, bei der *Berliner Zeitung,* damals das Parteiblatt der Berliner SED. Die Versuche, mit ihr Kontakt aufzunehmen, scheiterten immer wieder an den gleichen Hindernissen: Paßt jetzt nicht, die Zeiten haben sich geändert, wir leben in verschiedenen Welten. Nach einer Weile kam gar keine Antwort mehr. Wir waren beide zu Kombattanten im Kalten Krieg geworden, auf verschiedenen Seiten der Front: Gisela im Osten, ich im Westen, für sie ein Klassenfeind.

Ihre Karriere bei der *Berliner Zeitung* ging zügig voran, sie war viele Jahre verantwortlich für das Kulturressort. Nach den Maßstäben der sozialistischen Welt hat sie durchaus standesgemäß geheiratet, nämlich Joachim Herrmann, der erst das *Neue Deutschland* leitete und später im Politbüro der SED für Agitation und Propaganda zuständig war. Herrmann ist bald nach der Wende gestorben. Gisela lebt allein in einer kleinen Wohnung nicht weit vom Potsdamer Platz. Manchmal denke ich, jetzt, da das Ende unserer so unterschiedlichen Biographien allmählich in Sicht kommt, sollte ich mich noch einmal melden. Aber ich fürchte, ich bekäme heute die gleiche Antwort wie vor fast fünfzig Jahren – paßt nicht, die Zeiten haben sich geändert, wir leben in verschiedenen Welten.

In Uniform

Im Jahre '43 wurden dem Führer allmählich die Soldaten knapp. In Berlin war man schon vorher auf die Idee gekommen, in der Heimat ungediente Jugendliche einzusetzen und die dadurch entbehrlich gewordenen Soldaten in den Rußlandkrieg zu schicken. Auf diese Weise kam mancher Flak-Kanonier, der bis dahin verhältnismäßig warm und trocken in der deutschen Etappe Dienst getan hatte, zu lebensgefährlicher, oft tödlicher Fronterfahrung. Nachrücken in die Flak-Batterien sollten Deutschlands Oberschüler der Jahrgänge '26, '27 und '28, und zwar alle, ohne Ausnahme. Richtige Soldaten konnten sie nicht, reine Zivilisten sollten sie nicht sein – »Luftwaffenhelfer« nannten Armee- und Parteiführung die jugendlichen Krieger, und eine Uniform bekamen sie auch, eine blaugraue Kreuzung aus Pimpfenkluft und Waffenrock.

In unserem Internat wußten wir nur wenig vom Grauen des Krieges. Daß mit den Erfolgsmeldungen und der Endsieg-Verheißung der Wehrmachtsberichte irgend etwas nicht stimmen konnte, ahnten viele. In den Ferien waren sie Menschen begegnet, Vätern, Brüdern, Nachbarn, Freunden der Familie, deren Erlebnisse sich ganz anders anhörten als der propagandistische Unsinn, der in den Zeitungen stand. Da wurde von Massenerschießungen geflüstert, von Grausamkeiten, die mal die Fremden den Deutschen, mal die Deutschen den Fremden angetan hatten, vom rätselhaften Verschwinden ganzer Familien in Städten, in denen sonst jeder wußte, was es mit dem anderen auf sich hatte. Ein Klassenkamerad aus Weimar sprach leise von seltsamen Vorgängen am Rande der Stadt, von ihm hörte ich zum ersten Mal das Wort »Buchenwald«. Es war alles ziemlich diffus, eine Kette sich ständig wandelnder Gerüchte, die sich aus Erzählungen innerhalb der Familien speisten, aus Feldpostbriefen, Sendungen des Londoner Rundfunks (bei dem ich zehn Jahre später anheuern sollte), ganz selten nur aus eigener Beobachtung. Konkret wurde der Krieg für uns an Tagen, an denen uns der Direktor etwa mitteilte, der ehemalige Schüler Wolfgang T. sei im Rußlandfeldzug gefallen, oder Alfons P. sei mit dem Deutschen Kreuz in Gold ausgezeichnet worden. Er tat das glücklicherweise ohne patriotisches Pathos, wie unsere Lehrer überhaupt weitgehend darauf verzichteten, in den Klassenzimmern die Segnungen der braunen Ideologie vor uns auszubreiten. Ich habe das erst viel später als einen für die damalige Zeit ungewöhnlichen Akt pädagogischer Fürsorge begriffen.

Ich kann nicht sagen, daß mich die Mitteilung des Direktors, meine Klasse werde zum Dienst als Luftwaffenhelfer einberufen, nicht begeistert hätte. So ging es auch den anderen – nur den Mädchen nicht, sie mußten zurückbleiben. Endlich raus aus der Enge der thüringischen Provinz, endlich eine Uniform, endlich ein richtiges Stück vom richtigen Krieg; heute würden die

Sechzehnjährigen sagen: endlich »action«. Quer durchs halbe Deutschland ging unser Zug: über Berlin nach Stettin und von dort mit einem kleinen Motorboot noch einmal vier Stunden die Oder hinab. Am Rande eines Fünf-Häuser-Dorfes auf dem rechten Flußufer stand die Flak-Batterie, in der wir in den nächsten Monaten Dienst tun sollten. Sie war Teil eines Flugabwehrrings um das Hydrierwerk Pölitz auf dem linken Oderufer, in dem, kriegswichtig natürlich, Kohle in Benzin verwandelt wurde. In der Zeit, in der meine Klasse an den Kanonen stand, wurde Pölitz immer wieder aus der Luft angegriffen. Glücklicherweise drehten die Bomber bei, bevor sie über der anderen Oderseite waren. Bei uns kam nichts und niemand zu Schaden.

Erst einmal aber mußten wir von der Stammbesatzung, also von richtigen Soldaten, die Handgriffe lernen, die nötig waren, um eine 8,8-Granate aus dem Bunker zu holen, den Zünder einzustellen und dem Ladekanonier in die Hand zu drücken. Das ließ sich meistern. Ärgerlicher war schon die Regelmäßigkeit, mit der wir mitten in der Nacht durch die Alarmsirenen aus dem Schlaf gerissen wurden. Diese Art von »action« fanden die meisten von uns auf die Dauer ziemlich ermüdend, schon deshalb, weil wir am nächsten Morgen zum Unterricht erwartet wurden. Der Schulbetrieb und der Dienst am Vaterland liefen parallel, wie überall, wo Luftwaffenhelfer an den Geschützen standen.

Einer unserer Schleusinger Lehrer war mit uns an

die Oder gekommen. Nach ein paar Wochen wurde er abgelöst, dann reiste der nächste an, und noch einen Monat später kam wieder einer.

Hunger

Es war ein für junge, unternehmungslustige Burschen ziemlich monotones Leben: morgens drei Stunden Ausbildung am Kriegsgerät, danach Schulunterricht, Essenfassen an der Feldküche, Putz- und Flickstunde, und schon lagen wir wieder auf unseren Pritschen in den Baracken und warteten auf die nächtliche Unterbrechung durch den nächsten Luftangriff. Wenn er ausblieb, waren wir doppelt froh – wir konnten durchschlafen und spürten deshalb unseren Hunger nicht. Wer Kinder hat, weiß, welch gewaltige Mengen Sechzehnjährige am Tag verputzen können. Ausgerechnet in diesem Stadium unserer körperlichen Entwicklung mußten wir uns pro Tag mit einem schmalen Kanten Kommißbrot, ein bißchen Margarine und einem Block höchst unansehnlichen Kunsthonigs begnügen. Nur am Nachmittag gab es aus der Gulaschkanone einen kräftigen Schlag guter, heißer Suppe oder irgendeinen Eintopf. Wahrscheinlich ging es uns damit immer noch besser als Millionen anderen, die, gefangen oder nicht, in Lagern dahinvegetierten; und viel zu beißen hatten in jener Zeit auch die Menschen in der fragwürdigen Freiheit der großen Städte nicht.

Hunger, richtig heißer Hunger – das war ein Gefühl, das mich in den nächsten Jahren nie ganz verlassen sollte. Freßpakete von der Familie erreichten uns in unserer hinterpommerschen Einöde nur ganz selten. Die zu Hause hatten selber Mühe, satt zu werden. Und wenn mal eines kam, wurde der Inhalt selbstverständlich aufgeteilt. So blieb am Ende für jeden, auch für den Empfänger, nur ein Krümelchen.

Die Oper

Ich kann mich nicht erinnern, auf unserem Gelände in über sechs Monaten je einen Zivilisten gesehen zu haben, einen Besucher aus dem Kreis der gut zwei Dutzend Familien, deren Söhne auf den Wiesen an der Odermündung – abwechselnd und gleichermaßen vergeblich, wie sich bald herausstellen sollte – die Voraussetzungen für das Abitur und den Endsieg zu schaffen versuchten. Umgekehrt war es auch für uns fast unmöglich, an einem Tag – mehr Urlaub wurde nicht bewilligt – nach Stettin und wieder zurückzukommen. Es gab weder Bus- noch Bahnverbindung, und das Motorboot brauchte vier Stunden für jeweils eine Strecke. Das letzte Schiffchen verließ den Anlegeplatz an der Hakenterrasse schon am Nachmittag.

Einmal allerdings war ich, zusammen mit einem Klassenkameraden, ein ganzes langes Wochenende in Stettin – auf Einladung des Stettiner Stadtkommandanten, General von Stülpnagel, der uns von einem Adjutanten durch die Stadt chauffieren ließ und uns anschließend in die Oper einlud. Es gab *Die Zauberflöte*, wenn ich mich recht erinnere, und es war der erste Opernabend meines Lebens. In einem Offiziersheim durften wir übernachten, und reichlich zu essen bekamen wir auch. Bis zum heutigen Tag weiß ich nicht, welchem glücklichen Umstand ich diese Einladung zu verdanken hatte.

Kirschen

Alles in allem waren die Schleusinger nicht traurig, als sie erfuhren, daß sie nach Stettin die deutsche Luftabwehr nun anderenorts verstärken müßten. Es hätte ja nicht unbedingt die Gegend um Merseburg sein müssen, aber hier stand nun mal die Batterie, die mit unserer Hilfe die Leunawerke vor Luftangriffen schützen sollte. Der Drill blieb unverändert, die Verpflegung kümmerlich, nur die Luft war merklich schlechter.

Nichts von dem, was heute in den Medien über die Umweltkatastrophe im Raum Bitterfeld-Merseburg zu sehen, zu hören und zu lesen ist, überrascht mich. So war es damals schon – schlimmer vielleicht, wenn das möglich ist.

Ich erinnere mich an einen Ernteeinsatz, zu dem wir abkommandiert wurden, und an die Kirschen, die wir pflücken sollten. Aus der Entfernung ansehnlich, aus der Nähe immer noch rot, aber überzogen mit klebrigem, übelriechendem Schleim – dem Niederschlag chemischer Substanzen, die in die Luft geschleudert worden waren und sich auf jedem Stein, jedem Halm, jeder Frucht, auf einer ganzen Landschaft festgesetzt hatten. Wir haben die Kirschen trotzdem gepflückt und abgeliefert, ein paar davon auch gewaschen und selber gegessen. Es war das fünfte Jahr des Krieges, da nahm man es nicht mehr so genau mit dem Anspruch ans Tafelobst.

Schwarzer Mann

Eine Erlösung brachte auch die nächste Etappe meiner Zeit als Uniformträger nicht: Im Herbst 1944 wurde ich zum Reichsarbeitsdienst eingezogen, in ein Lager im Münsterland, nicht weit von Havixbeck. Zum ersten Mal allein, denn mit dem Ende der Flakhelferzeit hatte sich unsere Klasse aufgelöst. Jeder ging, wohin ihn das für den Wohnort der Eltern zuständige Wehrbezirkskommando schickte. Ich sah die meisten nie wieder.

Hatten wir uns in Stettin und Merseburg wenigstens noch einreden können, irgend etwas mit der Abwehr feindlicher Flugzeuge zu tun zu haben, so blieb es beim Arbeitsdienst bis zum letzten Tag ein Rätsel, was die Herren Feldmeister mit den komischen Mützen und den gräßlichen braunen Uniformen eigentlich von mir wollten. Tagelang in allerlei kuriosen Formationen über einen Kasernenhof zu stiefeln, statt eines Gewehrs einen Spaten auf der Schulter und auf den Lippen, drei, vier, eine Hymne an die deutsche Heide, während die Russen auf Königsberg zumarschierten und die Westalliierten in der Normandie gelandet waren – ob der Führer wußte, mit welchen Nichtigkeiten deutsche Jungmänner im Münsterland vom Kampf um den Endsieg abgehalten wurden?

Sicher ist, daß während meiner Zeit beim Arbeitsdienst so gut wie keiner gearbeitet hat. Ich gehörte zu den wenigen Ausnahmen und war dankbar für die Gelegenheit, wenigstens für ein paar Tage dem Spatendrill zu entkommen. Ein Malergeselle in unserer Einheit hatte den Auftrag bekommen, in einem Maidenlager ganz in der Nähe, bei jungen Frauen also, die ebenfalls beim Reichsarbeitsdienst Dienst tun mußten, die Öfen zu schwärzen. Ich weiß nicht, warum er mich fragte, ob ich ihm dabei zur Hand gehen wolle. Ich tat es jedenfalls gern, wenn auch, wie sich bald zeigen sollte, mit völlig falschen Vorstellungen. Wir waren keineswegs, wie ich gehofft hatte, den ganzen Tag von jungen, schönen Frauen umgeben – auch die Maiden taten Dienst, aber meistens da, wo die beiden Ofenschwärzer nicht waren. Ab und an kam eine in die Stube, in der wir gerade die Pinsel schwangen, und der schiere Zufall war das sicher nicht. Immer nur unter Frauen zu sein ist für viele wahrscheinlich auch nicht angenehmer als für Männer die reine Männergesellschaft. So versuchten wir denn, mal mit dieser, mal mit jener zu flirten, so gut es ging.

Und es ging, wenn ich bedenke, daß keiner viel Erfahrung hatte, erstaunlich gut, obwohl die beiden Anstreicher in ihrer schmuddeligen Kluft und mit ihren schwarz verschmierten Gesichtern vom Schönheitsideal der vierziger Jahre weit entfernt gewesen sein müssen. Aber man konnte – das gab's für uns Jünglinge sonst nur im Traum – mit hübschen jungen Frauen reden, ohne Aufsicht. Allerdings auch ohne jedes Ergebnis. Pünktlich um fünf war jeden Tag Feierabend, und als wir keine Öfen mehr finden konnten, die einen neuen Anstrich brauchten, war die Illusion vom Paradies im Maidenlager schnell verflogen – zusammengebrochen unter der Last der Erwartungen, mit der wir sie befrachtet hatten.

Nebel

Nach dem Dienst an den Bulleröfen kam ich vom Ruß sozusagen in den Rauch – durch einen Einberufungsbefehl zu den Nebelwerfern in Munsterlager bei Celle, mitten in der Lüneburger Heide. Auf diesem riesigen Areal, das heute der Bundeswehr und gelegentlich auch anderen NATO-Armeen als Truppenübungsplatz dient, hatten damals mehrere Waffengattungen ihre Stützpunkte. Auch ungarische Infanteristen waren da; ich verstand zwar ihre Gesänge nicht, sie gefielen mir aber besser als unser abgedroschenes Repertoire.

Nun erwartet glücklicherweise nicht einmal der Generalstab, daß sich ein junger Mann mit Wonne an seine Rekrutenzeit erinnert. Sie ist in der Regel kein Anlaß für nostalgische Gefühle, und ich bin da keine Ausnahme. Nach reichlich einem Jahr bei der Flak und mehreren Wochen beim Reichsarbeitsdienst war diese Grundausbildung in der Heide nun schon meine dritte. Ihre Einzelheiten verlieren sich zum Glück im Dunst oder, um im Bild zu bleiben, im Nebel des Vergessens. Geblieben ist nicht viel mehr als die Erinnerung an ein paar aufregende Abende in einem riesigen, provisorischen Theatersaal. Da standen regelmäßig berühmte Nebelwerfer auf der Bühne – vor meiner Ankunft beispielsweise Rudolf Schock, der in seiner kurz vor seinem Tod erschienenen Autobiographie *Ach, ich hab' in meinem Herzen* von diesem Auftritt erzählt; ich selbst habe dort Franz Klarwein gehört, den großen Tenor von der Bayerischen Staatsoper.

Auf den Einsatz von Nebelgranaten hatte die oberste Heeresleitung damals bereits verzichtet, in der Erkenntnis vermutlich, daß es viele Einsätze, bei denen deutsche Soldaten den Feind durch einen Angriff aus dem Nichts überrumpeln könnten, in diesem Krieg wohl nicht mehr geben werde. Es waren also einfache Sprenggranaten, mit denen das Bündel der Rohre geladen wurde, aus denen ein Nebelwerfer bestand. Die Sowjets hatten eine ähnliche Waffe, die Stalinorgel. Der Trick für die Kanoniere bestand darin, sich nach dem Anschließen der elektrischen Zündleitungen – die Rohre waren an beiden Seiten offen – schnell in ein Loch zu ducken, bevor der Kommandierende die Geschosse per Fernbedienung dem Feind entgegenschleuderte. Das war die Theorie. Die Umsetzung in die Praxis habe ich nicht mehr erlebt. Irgendwann im Winter '44 muß die Armeeführung beschlossen haben, sich mit derart komplizierten Dingen, wie es unsere Miniatur-Raketen waren, nicht länger aufzuhalten und die Bedienungsmannschaften dem Feind zu Fuß entgegenzuschicken – in Richtung Westen glücklicherweise.

Schläferstunde

Meist in den Nächten, um vor den Tieffliegern sicher zu sein, trotteten die Kanoniere, die jetzt zu Infanteristen geworden waren, über Landstraßen der niederländischen Grenze und den Engländern entgegen. Auf diesen Schleichwegen entdeckte ich ein Talent an mir, das gewöhnlich den Pferden reserviert ist: Ich konnte im Stehen und Gehen schlafen. Wenn ich vom Marschieren müde war, hielt ich mich mit einer Hand am Tornisterriemen des Vordermannes fest und versank, ein Bein mechanisch vor das andere ziehend, in einen dahintaumelnden Halbschlaf. Diese eigenartige Wanderform funktionierte Kilometer um Kilometer. Ich selbst war mit der Entdeckung meiner seltsamen Begabung seinerzeit mehr als zufrieden und habe sie später weiter verfeinert, mit dem Ergebnis, daß ich heute nach Wunsch oder auf Kommando nahezu überall in eine Art Schlaf versinken kann. Manche beneiden mich um diese Gabe, besonders die, die selbst in tiefer Nacht und im eigenen Bett Mühe haben, einzuschlummern.

Der Feind

Angst macht hellwach. Irgendwann im April war mir
auf einmal überhaupt nicht mehr nach Schlaf zumute.
Meine Einheit hatte, immer noch auf deutschem Boden, ein Dorf erreicht, von dem die Engländer nur noch
wenige Kilometer entfernt waren – die Front also,
wenn das nicht unangemessen dramatisch klänge. Die
Front zeigte sich auch auf den zweiten Blick friedlich
wie jede andere bäuerliche Landschaft im westlichen
Niedersachsen: keine Verwüstungen, keine Aufmär-
sche, keine Kradmelder, keine Funker, keine Sanitäts-
wagen, keine Befehlsstände – nichts vom aufgeregten
Durcheinander einer Armee auf dem Rückzug, wie es
dann später manchmal im Kino zu besichtigen war.
Vom nächtlichen Marschieren todmüde Soldaten, entweder ganz junge oder ganz alte, verkrochen sich in
Scheunen, um wenigstens für ein paar Stunden zu vergessen, worauf sich längst keiner mehr einen Reim
machen konnte.

Eines Nachts bekam mein Zug den Befehl, sich in
Gräben und im Unterholz auf beiden Seiten einer
Landstraße zu verteilen, um den vorrückenden Feind
aufzuhalten, so gut es gehe. Ich verkroch mich also, gut
hundert Meter vom Straßenrand entfernt, mit einem
Maschinengewehr tief in einer Hecke und erwartete
mit klopfendem Herzen den leibhaftigen Feind. Der
kam – es war inzwischen hell geworden – zum Glück

zu Fuß. Geduckt und im Gänsemarsch zogen etwa dreißig Figuren in khakifarbenen Uniformen und mit Hel-
men, die aussahen wie umgedrehte, große Suppentel-
ler, die Böschung entlang und verschwanden im
Gelände hinter uns. Offenbar hatten sie uns Hecken-
schützen nicht bemerkt, es fiel kein einziger Schuß.
Das war mir recht, aber es verwirrte mich auch. Den
anderen Grabenkämpfern meines Zuges muß in der
Nacht der gleiche Gedanke gekommen sein wie mir:
Nur nicht auffallen in diesen letzten Tagen eines Krieges, der längst verloren war. Keine verdächtige Bewegung machen, keinen Schuß abgeben. Wenn wir den
anderen nichts zuleide tun, dann werden sie vielleicht
auch uns in Ruhe lassen.

Eine riskante Logik, aber die Helden in der deutschen Armee hatten damals woanders ihren Einsatz.
Feigheit vor dem Feind mag keine Tugend sein, ver-
nünftig war sie allemal an diesem Tag.

Ende

In der darauffolgenden Nacht kroch ich frierend und
hungrig aus meiner Hecke, ließ das Maschinengewehr
zurück und machte mich über hundert Wiesen und
Zäune auf den Weg zurück in Richtung Osten, in der

Hoffnung, den Eroberern nicht aufzufallen und den eigenen Leuten irgendwann über den Weg zu laufen. Ich schlief tagsüber in Büschen, einmal auch in einem Kälberstall inmitten der Kälber, und aß mit dem Hunger der Verzweiflung Runkelrüben. Irgendwann kroch ich über eine halbzerstörte Brücke und sah am Morgen des fünften Tages am Rande eines Dorfes einen Wehrmachtswagen. Die Soldaten, die dazugehörten, waren zwar nicht von meiner Einheit, hatten aber von ihr gehört und versprachen, mich bei ihr abzuliefern. Das taten sie auch, und ein paar Stunden später war ich wieder bei der Truppe, mit der ich in Munsterlager die Wanderschaft gen Westen begonnen hatte.

Von neuerlichem Vormarsch war keine Rede mehr, es lag etwas in der Luft, und als wir am nächsten Tag auf dem Hof eines Gutes antraten, erfuhren wir, was es war: Admiral Dönitz, Hitlers Nachfolger als Oberbefehlshaber, hatte die bedingungslose Kapitulation der deutschen Streitkräfte angeordnet. Der Krieg war zu Ende.

Wie weiter?

Erschüttert hat mich diese Mitteilung nicht, im Gegenteil, ich war erleichtert. Natürlich wußte ich nicht, wie es weitergehen sollte in meinem jungen Leben, aber daß es nun vorbeisein würde mit der Plackerei auf Kasernenhöfen und Landstraßen, mit der Angst vor Tieffliegerattacken und anderen Überfällen, vorbei auch mit der stupiden Gängelei durch die Kommiß-hierarchie und dem elenden Geschwätz vom Endsieg über eine Welt des Bösen – all das empfand ich als Er-lösung. Ganz sicher habe ich die politische Dimension des Zusammenbruchs der braunen Ideologie damals nicht begriffen. Von den Verwüstungen, die das Dritte Reich im Namen der Deutschen angerichtet hatte, ahn-te ich wenig und wußte ich nichts. Das ganze Ausmaß des Grauens begann sich mir zu erschließen, als ich später Wochenschau-Aufnahmen von der Befreiung der KZ-Häftlinge sah und bald danach Eugen Kogons *Der SS-Staat* las.

Auf dem Gutshof nicht weit von Bremervörde war im Mai 1945 von Schuld und Sühne nicht die Rede. Uns be-schäftigte die banale Erkenntnis, daß von nun an alles gründlich anders sein werde als bisher, nur wie? Viel-leicht war ich zu jung, um die Erschütterungen zu er-kennen, die die Nachricht vom Untergang des Deut-schen Reiches bei anderen ausgelöst haben mag. Scharfe Nazis, Überzeugungstäter, waren nicht in un-serem Haufen, das hätten wir gemerkt und als War-nung weitergegeben.

Und so hat sich in meiner Erinnerung der Eindruck festgesetzt, daß meine kleine Truppe die Nachricht vom Ende des Krieges im großen und ganzen mit Er-leichterung zur Kenntnis nahm. Ein paar Ältere, meist

Bergleute aus dem Ruhrgebiet, sprachen sogar von Befreiung. Geblieben war die Ungewißheit über den weiteren Weg, die Frage: Was ist das eigentlich – Kriegsgefangenschaft?

Tommies

Die Antwort kam nach ein paar Tagen mit der Ankunft einer britischen LKW-Kolonne. Zum ersten Mal hörte ich englische Stimmen, sah ganz aus der Nähe leibhaftige Tommies. Sie waren brüsk und kurz angebunden und ließen uns durch einen deutschen Hauptmann aus Bremen, der vorzüglich Englisch sprach, mitteilen, in Schleswig-Holstein sei ein Internierungslager eingerichtet worden, in das wir nun verfrachtet würden. So geschah es: Westlich Eckernförde hatten die Sieger ein weiträumiges Areal abgesteckt; es wurde zum Sammelbecken für einen großen Teil der Soldaten, die das Kriegsende in Norddeutschland erlebten.

Erst später habe ich erfahren, wie es anderen ergangen ist, die in den letzten Wochen des Krieges oder schon nach der Kapitulation in Gefangenschaft geraten waren. Die Zustände in sowjetischen Lagern müssen grauenvoll gewesen sein, aber auch Franzosen und Amerikaner sind oft nicht gerade zimperlich mit ihren Gefangenen umgesprungen. Tausende mußten mona-

telang unter freiem Himmel kampieren bei Hunger-
rationen und fast ohne medizinische Versorgung. Wen
es damals traf, für den wird es ein schwacher Trost gewesen sein, daß diese Behandlung beinahe human
war, gemessen an den Mißhandlungen, die Deutsche
in den Jahren zuvor Millionen gefangenen Fremden
zugefügt hatten.

Unter diesen Umständen hatten wir in den schles-
wig-holsteinischen Dörfern, ohne es zu wissen, das
Große Los gezogen. Kein Stacheldraht, weit und breit
keine Zäune, auf den Landstraßen ein paar Schlagbäu-
me, die zu umgehen selbst am hellen Tage ein Kinder-
spiel war. Aber warum sollten wir unsere ländliche
Idylle verlassen? Von den Siegern sahen wir so gut wie
nichts. Einmal am Tag kam der Proviantwagen und
brachte warmes Essen: mal Baked Beans, mal Suppe
oder alle möglichen Sorten von Stew. Wir schliefen in
Strohschobern, saßen in der Sonne und spielten Skat
bis zur Besinnungslosigkeit. Im Spätsommer halfen einige den Bauern bei der Ernte. Der Hauptmann, der bei
der Ankunft der Briten auf dem Gutshof Dolmetscher
war, hatte einen Sprachkurs eingerichtet: morgens
Englisch für Anfänger, nachmittags für Fortgeschritte-
ne; ich ging zu den Anfängern. Angeboten wurden
auch Einführungen in die Physik, in die deutsche Literatur des 19. Jahrhunderts und in die Geheimnisse des
Sternenhimmels.

Wir, die Verlierer des schlimmsten Krieges aller Zeiten, hatten es gut. Mehr und mehr wußten die meisten

das auch zu schätzen. Nach einigen Wochen gab es die Möglichkeit, Angehörigen in den vier Besatzungszonen ein Lebenszeichen zu schicken. Die Antwort, wenn eine kam, ging an die Adresse der Bauern, in deren Scheunen wir schliefen. Inzwischen hatte sich herumgesprochen, daß das Leben zu Hause, in der wieder erworbenen Freiheit, alles andere war als ein Vergnügen. Hunderttausende auf der Flucht, in den Städten lebten Millionen in halbzerstörten Häusern und gingen Abend für Abend hungrig zu Bett.

Stippvisite

Und doch packte mich eines Tages das Heimweh. Ein paar Reichsmark hatte ich noch, und so machte ich mich per Bus und Bummelzug auf den Weg in ein Dorf westlich von Hannover, in das meine Familie in den letzten beiden Kriegsjahren evakuiert worden war. Da ich keine Entlassungspapiere besaß, mußte ich aufpassen, nicht in eine Kontrolle zu geraten. Es ging alles gut. Mutter und Geschwister waren wohlauf, einen Tag später kam auch mein Vater hinzu, der schon nach Herford zurückgekehrt war, wo ihn die Engländer zum Oberkreisdirektor ernannt hatten.

Nach einer Woche ging ich doch wieder zurück nach

Schleswig-Holstein in die Internierung. Es war schön im provisorischen Zuhause, aber ohne Papiere nicht ganz problemlos – schon wegen der Lebensmittelkarten. Ich beschloß, den Termin für die ordentliche Entlassung aus der Gefangenschaft abzuwarten. Die Engländer hatten inzwischen begonnen, die Bergleute nach Hause zu schicken, weil die Kohleförderung wieder in Schwung kommen sollte. Dann kamen die anderen Berufe dran und zum Schluß die Schüler. Weihnachten '45 war ich wieder bei der Familie.

So sind wir Deutschen – lieber gefangen als ohne Ausweis in der Freiheit.

Schinken

In Herford hatte die Familie einen Vorteil, der manchen Beamten noch heute beschieden ist: eine geräumige Dienstwohnung. Mein Vater, der unter den Nazis die Tugend der Verweigerung tapfer geübt hatte, zeigte sich auch in seinem neuen Amt als standhafter Neinsager. Als Verwaltungschef eines großen Landkreises besaß er Vollmachten, die in der Mangelwirtschaft jener Zeit für den Wohlstand und das Fortkommen vieler Menschen von großem Einfluß waren. Wer Baumaterial bekam oder die Zulassung für ein Auto, das entschied am Ende der erste Mann im Landratsamt. Und so fehlte es nicht an Versuchen, sich für diese oder jene Entscheidung erkenntlich zu zeigen oder ihn für ein neues Vorhaben günstig zu stimmen – Bestechung hieß das auch damals.

Ich erinnere mich an eine Bäuerin, die eines Tages vor der Wohnungstür stand und einen Korb abgeben wollte, in dem unübersehbar Eier, Speck und Schinken lagen. Ich rief meine Mutter, die telefonierte mit meinem Vater. Es stellte sich heraus, daß derselbe Korb schon auf Papas Schreibtisch gestanden hatte. Der Vater wollte nicht, und die Mutter durfte nicht. So erklärt es sich, daß unsere Familie genauso spartanisch lebte wie alle anderen, die nichts hatten als die kümmerlichen Zuteilungen durch die Lebensmittelkarten. Zur Erntezeit schickte uns der Vater zum Ährensuchen auf die Felder. Was wir von dort mitbrachten, wurde in Mehl getauscht und kam irgendwann in Form von Brot auf den Tisch. Nicht korrumpierbar zu sein, weder intellektuell noch materiell – das war die Kardinaltugend des preußischen Beamten und in meinen Augen die herausragende Eigenschaft meines Vaters.

Gelegentlich kam ein Herforder Bürstenfabrikant zu uns. Er hieß Holzapfel und bereitete die Gründung einer bürgerlichen Partei vor. Nach allem, was ich mitbekam, hätte er meinen politisch unbelasteten Vater gern dabeigehabt. Aber der wollte nicht. Die Partei wurde dann ohne ihn gegründet; es war die Christlich-Demokratische Union, die CDU.

Ich ging inzwischen wieder aufs Gymnasium, zusammen mit etwa zwanzig anderen, die ebenfalls mehr oder minder unversehrt aus dem Krieg zurückgekommen waren. Das Notabitur am Ende der Flakhelferzeit wurde im Nachkriegsdeutschland nicht anerkannt, wir mußten, ohne eigenes Verschulden, nachsitzen. Am Tag der Prüfung kredenzte mir die Mutter einer Freundin die erste Tasse Bohnenkaffee meines Lebens. Ich bestand trotz aller Aufregung, wenn auch nicht besonders glanzvoll. Der Ernst des Lebens konnte beginnen.

Der Australier

Daß mich das Leben über Berlin nach London in die Weymouth Street vor den schwarzen Kasten geführt hat, gehört zu den Wundern, die auch Ungläubige wie mich gelegentlich ins Grübeln kommen lassen.

Als ich den Kollegen in der BBC-Redaktion am nächsten Tag von meiner ersten Begegnung mit dem seltsamen Männchen erzählte, meinte einer, ich könne ja versuchen, selber so ein seltsames Männchen zu werden. Dazu müsse ich allerdings ein Seminar besuchen, in dem ein Australier namens Royston Morley in die Geheimnisse des Guckkastens einweihe. Ich müßte nur die Erlaubnis einholen, mich für vier Wochen aus meiner Redaktion auszuklinken. Die Erlaubnis erhielt ich.

Die erste Lektion, die der Australier seinen Eleven verabreichte, hieß:»Vergessen Sie alles, was Sie über das Kino wissen. Beim Fernsehen haben Sie es mit einer völlig anderen Technik zu tun.« Ich lernte, daß die Kinokamera – verglichen mit ihrer Schwester vom Fernsehen – ein einäugiges Wesen ist. Der Kinofilmregisseur läßt seinen Kameramann gewähren und klebt dann aus den aufgenommenen Filmkilometern am Schneidetisch die vielleicht auf ein Zehntel verkürzte Endfassung zusammen. Der Fernsehregisseur sitzt in seinem Kontrollraum. Dort wählt er unter verschiedenen Bildangeboten, die ihm mehrere Kameras gleichzeitig liefern und die auf seinen Monitoren erscheinen, die Szene aus, die er für die passende hält und die der Zuschauer sehen soll. Das ist der fundamentale Unterschied zwischen Kino und Fernsehen, erklärte uns der Australier.

Um der Anschaulichkeit willen möchte ich Royston Morleys verstaubte »Einführung in die Live-Sendung« am aktuellen Beispiel eines geschätzten Kollegen erläutern: Kamera 1 zeigt dem TV-Regisseur auf einem Monitor das vertrauenerweckende Gesicht des Dr. Alfred Biolek, Kamera 2 zeigt dessen tadellose Weste, Kamera 3 liebäugelt mit seiner Gesprächspartnerin, Kamera 4 widmet sich dem Publikum. Die Zuschauer zu Hause sehen jeweils nur eines dieser Bilder, und welches, das entscheidet der Regisseur. Tele-Profis kommt bei diesem kurzen Lehrgang vermutlich das Gähnen, aber noch sind nicht alle Menschen beim Fernsehen.

Der Österreicher

In Roystons TV-College trat der Österreicher Alfred Wurmser auf. Er hatte sich in einem Atelier um die Ecke ein Studio eingerichtet und vertrat die Ansicht, daß sich der Effekt eines Trickfilms auch mit Hilfe von Pappe erreichen läßt. Der Österreicher zog Pappkartons aus dem Hut, die er zu beliebig gewünschten Figuren schnitt.

Wenn Royston Morley auf seinem Bildschirm eine trockene Statistik halbwegs witzig illustrieren wollte, etwa über die Nationaleinkommen der Deutschen und Engländer, dann griff Alfred Wurmser zur Schere und schnippelte im Handumdrehen einen dicken Deutschen und einen schlanken Engländer aus seiner Pappe. Diese Pappkameraden wurden auf Stative gestellt, unter denen Studenten mit den Manuskripten saßen. Wenn das Stichwort fiel, das zur Bebilderung der Zahlenkolonnen aufrief, bewegten die Studenten ihre Papierburschen vor der Kamera hin und her, rauf oder runter. Auch die moderne Computergraphik, die ihre Bilder heute in Blitzgeschwindigkeit auf den Schirm zaubert, war einmal aus Pappe.

Renate Lasker

Mein Leben lang werde ich einer Sprecherin im Deutschen Dienst für ihre Ermutigung dankbar sein: Renate Lasker. Sie war eine junge Verwandte des Mathematikers und legendären Schachweltmeisters Emanuel Lasker, eine Breslauer Juristentochter, die dem Tod in Auschwitz entrinnen konnte und bei Kriegsende von britischen Soldaten aus dem Konzentrationslager Bergen-Belsen befreit worden war. Im Sommer konnte man auf ihrem Arm die tätowierte Häftlingsnummer sehen. Renate hätte viele gute Gründe gehabt, mir und den anderen »Reichs«-Deutschen aus dem Wege zu gehen. Oder wenigstens unser schlechtes Gewissen zu sein. Oder uns mit ihrer Trauer zu beschämen. Das alles tat sie nicht. Sie vermittelte uns vielmehr das Gefühl, daß wir uns in ihrer Nähe und im großen Kreis der anderen davongekommenen Opfer nicht wie »Täter« vorkommen müßten und akzeptierte uns.

Woher sie ihre Kraft nahm, das weiß ich nicht. Renate ist mit dem Publizisten Klaus Harpprecht verheiratet, meinem späteren Kollegen in Köln und Washington, und lebt seit vielen Jahren im Süden Frankreichs, dem Land der Chansons, die sie im Londoner Rundfunk so gern präsentiert hatte.

Winston Churchill

Am 30. November 1954 feierte Premierminister Winston Churchill, der für sein Buch über den Zweiten Weltkrieg ein Jahr zuvor den Nobelpreis für Literatur erhalten hatte, im britischen Unterhaus seinen 80. Geburtstag. Aus diesem Anlaß überreichten ihm die Abgeordneten sein Porträt, gemalt von Graham Sutherland, dem später auch Konrad Adenauer Modell saß. Für diese Zeremonie wurde dem Fernsehen der BBC zum ersten und für lange Zeit letzten Mal eine Live-Übertragung aus dem Plenarsaal gestattet.

Ich erhielt am Vorabend der Geburtstagsfeier in der Redaktion einen folgenreichen Telefonanruf. Ein Kollege vom Nordwestdeutschen Rundfunk wollte wissen, ob ich der junge Deutsche sei, der seine Brötchen bei der BBC verdiene und neulich einen TV-Lehrgang absolviert habe. Ob ich mich um die Churchill-Ehrung wohl fürs Deutsche Fernsehen kümmern könne; man habe nämlich vor, die Aufzeichnung der Feier zu übernehmen und einen Tag später in Deutschland auszustrahlen.

Ich kann nicht behaupten, daß ich gleich gewußt hätte, was der Anrufer aus Hamburg unter »ich solle mich kümmern« verstand. Ins Unterhaus kam ich nicht hinein, das war klar, also sah ich mir wie alle anderen die Sendung zu Hause an. Die britischen Kollegen fertigten von ihrer Churchill-Übertragung eine »Aufzeichnung« an. Das taten sie, indem sie vor einem der Fernsehapparate, in denen die Live-Sendung zu sehen war, eine weitere Kamera postierten – und die gesendeten Bilder abfilmten.

Am nächsten Morgen klemmte ich mir die beiden riesigen Filmrollen unter den Arm und flog mit dem Paket zum ersten Mal von London nach Hamburg. Im Lokstedter Studio des NWDR stand ich ein paar Stunden später vor einer Kamera und sprach im On, also sichtbar, in freier Rede eine kurze Einführung. Hinter der Studiokamera stand Olrik Breckoff, den ich ein Jahr später in Köln wiedertraf und der einer meiner engsten Freunde wurde. Nach der Anmoderation im Studio sauste ich in eine Sprecherkabine und kommentierte dort – im Kopfhörer den Originalton des BBC-Reporters – den Verlauf der Feierlichkeiten.

Es war mein allererster Fernsehauftritt. Daß ihm mehrere tausend folgen würden, ahnte ich nicht, mag es mir im Unterbewußtsein aber gewünscht haben.

Charles Wheeler

Vermutlich weil es vergleichende Maßstäbe damals kaum gab, wurde meinem Fernsehdebüt ein freundliches »okay« nachgerufen. Ein paar Monate später lock-

te man mich mit dem Angebot, das Metier des Fernseh-
mannes von der Pike auf bei einem deutschen Sender
zu erlernen. Nach fast fünf Jahren bei der BBC hatte
sich bei mir so etwas wie Heimweh eingestellt. Ich un-
terschrieb einen Vertrag beim NWDR Köln und nahm
Abschied von London. Schweren Herzens von einer
Franziska namens Lillian, und sehr ungern auch von
Charles Wheeler. Er war bei der BBC mein väterlicher
Freund, und von ihm habe ich mehr über Journalismus
gelernt als von jedem anderen. Nach dem Krieg hatte
Charles Wheeler, der einer Schiffsmakler-Familie ent-
stammte und ein fabelhaftes Deutsch sprach, als bri-
tischer Presseoffizier in Hamburg gearbeitet. Bei der
BBC leitete er danach die Nachrichten-Abteilung des
Englischen Dienstes. Seine Redaktion war im Bush
House zwar in einem anderen Stockwerk untergebracht als unser Deutscher Dienst, aber da wir vor der
Sendung unsere Texte an seinem »Desk« vorzulegen
hatten, kamen wir täglich miteinander ins Gespräch.
Bei diesen Begegnungen hat mir Charles Wheeler keine Vorträge gehalten, sondern eher beiläufig davon geredet, was ihm zu diesem oder jenem Vorgang durch
den Kopf ging, was er mir empfehlen, wovor er mich
warnen würde. Zu seinen Maximen gehörte die Erkenntnis, daß ein seriöser Journalist »Distanz zum Gegenstand seiner Betrachtung« hält; daß er sich »nicht
gemein« macht mit einer Sache, »auch nicht mit einer
guten Sache«; daß er nicht in lauten Jubel einstimmt
oder in öffentlicher Betroffenheit versinkt; und daß er

auch im Umgang mit Katastrophen »cool« bleibt, ohne »kalt« zu wirken. »Immer dabeisein – nie dazugehören«, dieses Journalisten-Motto beschreibt den Reporter Charles Wheeler wohl am treffendsten.

Die BBC ist zwar eine große, aber auch eine arme Rundfunkanstalt, weil sie sowohl in ihren Radio- als auch Fernsehsendungen bis heute auf Werbung rigoros verzichtet und allein von Gebühren und einigen Hauszeitschriften lebt. Die schmalen Kassen machen sich auch bei den Gehältern bemerkbar. Charles Wheeler hat das nie sonderlich gestört. Kein anderer Sender der Welt hätte ihn mit einem noch so üppigen Salär abwerben können. Und so hat er, lange nach meiner Bush-House-Zeit, in der BBC und für die BBC Karriere gemacht. Er war einer der ersten, die vom Radio zum Fernsehen gingen, und arbeitete für *Panorama*, die britische Muttersendung des gleichnamigen NDR-Magazins. Nach Jahren als Korrespondent in Berlin, Washington und Neu-Delhi wurde er Moderator von *News Night*, einem täglichen Nachrichten-Magazin, das den *Tagesthemen* ähnlich ist.

Nach Deutschland kommt er häufig; zuletzt war er 1993 hier, um für eine Sendung zum 50. Jahrestag der Landung der Alliierten in der Normandie zu recherchieren. Wir haben einen langen Abend verbracht, er, der BBC-Ruheständler, der es nicht lassen kann und als »Freelancer« immer weiterarbeitet, ich, der WDR-Pensionär, der sich mit einem Leben (fast) ohne Fernsehen ganz gut eingerichtet hat.

Zeitmaschine

An meinem 28. Geburtstag, dem 15. März 1955, trat ich meine erste Redakteursstelle beim Fernsehen an, auf dessen Bühne beim NWDR in Köln sich allerdings nicht viel tat. Vor fast leerem Haus zu spielen macht nicht viel Vergnügen. Aber es hat auch seine Vorzüge. Weil keiner von uns vom Fernsehen viel verstand und einige gar nichts, konnten wir fast risikolos so gut wie alles falsch machen, was sich falsch machen läßt. »Learning by doing« sagt man heute zu diesem Verfahren. Wir haben die Geduld unserer Zuschauer arg strapaziert in jener Zeit. Aber übelgenommen hat es uns kaum einer – so groß war die Faszination des neuen Flimmerkastens. Und zu klein die Zahl der Zuschauer, um einen Proteststurm zu entfachen.

Die Proportionenlehre in Zahlen: Während in Deutschland 1994 etwa 22 Millionen Fernsehgeräte angemeldet sind, waren es 1954 ganze 13 000. Als die deutsche Fußball-Nationalmannschaft unter Sepp Herberger in Bern die Weltmeisterschaft gewann, versammelten sich die Menschen in den Kneipen vor den Apparaten und sangen das Deutschlandlied, meist die erste Strophe. Nach dem Fußballfest kletterte die Zahl der in deutschen Wohnungen aufgestellten Mini-Bildgeräte auf beachtliche 41 000.

Auch für die Freunde des Theaters gab es damals bereits ein Programm. So war das erste Fernsehspiel, das der Südwestfunk übertrug, eine Inszenierung von Thornton Wilders *Unsere kleine Stadt*. Die Rarität wurde neulich noch einmal in einem der Dritten gezeigt. Diese Wiederholung war nur möglich, weil die deutschen TV-Pioniere verfuhren wie seinerzeit ihre britischen Kollegen bei Churchills 80. Geburtstag: Sie konservierten Thornton Wilders TV-Stück, indem sie die gesendeten Fernsehbilder mit einer Filmkamera fixierten.

Proporz

Beim NWDR in Köln hatte man der jungen Fernsehredaktion ein Katzeneckchen reserviert: auf drei halben Etagen in einem Anbau des Funkhauses. Gleich nebenan war das Café Reicherdt, und dort fand in den Mittagspausen unsere gesamte Fernsehbesatzung locker an zwei größeren Tischen Platz. In der Redaktion teilte ich mir mit meinem Kollegen Josef Mühlbauer ein Kabäuschen, auf dessen Ausmaße der britische Witz zutraf, sein Architekt müsse Liliputaner gewesen sein.

Mühlbauer war schon vor mir zum Kölner Fernsehen gekommen und galt als gläubiger Katholik. Das hätte mir egal sein können, wenn es nicht auch auf meine junge Karriere von Einfluß gewesen wäre. Es gab damals, lange vor dem Parteibuchproporz, eine Konfessionsquote. Weil Mühlbauer katholisch war, sollte der zweite Redakteur, also ich, ein Protestant sein.

Das Verfahren hat man bald aufgegeben. Ich bin nicht sicher, daß das, was danach kam, einen Fortschritt bedeutet.

Ausgerechnet Tatsachen

Klaus Mahlo, der Sendeleiter beim WDR und spätere Programmdirektor, hatte eine Sendung mit dem Titel *Ausgerechnet Tatsachen* konzipiert, die über allerlei Bedeutsames aus der Republik berichtete: über den Bundeshaushalt und das Steueraufkommen, über den Automarkt und die Schulentwicklung. Nur mit Zahlenarithmetik wäre die Sendung wohl informativ, aber auch langweilig geworden. Also suchte Klaus Mahlo nach einem Ausweg und erkundigte sich, ob jemand eine Idee habe, wie man sie unterhaltsamer gestalten könne. Mir fiel Alfred Wurmser ein, der österreichische Trickfilmer mit seinen Pappen und seinem Taschenmesser, der schon in Royston Morleys Londoner College Statistiken illustriert hatte.

Ich rief ihn in London an, und etwa eine Woche später kam er zu Klaus Mahlo nach Köln. Die beiden mochten sich, waren sich schnell einig, und so wurde Wurmsers Pappe auch beim deutschen Publikum bald ein Erfolg. Während ich aus dem Off der Sprecherkabine die »Tatsachen« las, erweckte Wurmser die Statistiken auf dem Bildschirm mit seinen Pappfiguren zum Leben. Das hat er, als ich längst über alle Berge war, beim WDR noch lange so gemacht. Bis dann der technische Fortschritt den Österreicher aus der Kurve trug und er sich wieder ganz seiner Trickfilmerei widmete.

So lehrt uns die TV-Geschichte: Für den Erfolg ist manchmal auch ein Messer nützlich.

Kleinkunst

Funkhaus-Intendant in Köln war Hans Hartmann, ein wegen seiner Kenntnisse hochangesehener Mann, der vor dem Krieg das Metropol-Theater in Berlin geleitet hatte. Aber für das Fernsehen hatte er keine Antenne. Vielleicht wiederholten sich in seinem Achselzucken jene Reserven, die von den Stummfilmgöttern einst dem Tonfilm entgegengebracht wurden. Sogar ein Regisseur wie Chaplin hat den Tonfilm in seinen Anfangsjahren für dummes Zeug gehalten. Die Meinung des Intendanten sprach sich natürlich herum, und so sind uns auch die anderen Hörfunkkollegen meist mit hochgezogener Augenbraue begegnet. Sie wollten mit dem Mickey-Mouse-Unternehmen zunächst nichts am Hut haben und hielten sich offenbar für etwas Besseres.

Und sie waren damals auch etwas Besseres: Während wir im Fernsehen Modenschauen übertrugen oder den Zuschauern, zur besten Sendezeit um Viertel nach acht, mit Kamerafahrten durch die siebte Sohle eines Salzbergwerkes auf die Nerven gingen, stellten die Kollegen vom Radio kritisch-informative Sendungen auf die Beine wie das beim WDR noch heute erfolgreiche *Echo des Tages*. Und wenn die Stars dieser Programme zur Berichterstattung in die Provinz kamen – und das taten sie oft –, dann tuschelten die Leute beim Friseur und in der Kneipe: Walter Erasmy, Hans Jesse, Hasso Wolf sind da. Die drei hätte zwar auf der Straße keiner erkannt, aber ihre Stimmen hatten die Leute im Ohr.

Dieser frühe Starkult ist vermutlich leicht zu erklären. Wer kennt nicht die Neugier, die sich vor der ersten Begegnung mit einem Menschen einstellt, von dem man nach langen Telefongesprächen nichts als die Stimme kennt? Diesen Bonus bekommt ein Fernsehmensch, selbst wenn er Tag für Tag zum sekundären Analphabetismus beiträgt, heutzutage gewissermaßen gratis. Die Radiokollegen aber mußten und müssen ihn sich erarbeiten.

Es hat lange gedauert, bis die Kölner Fernsehreporter den Bekanntheitsgrad der Kollegen vom Hörfunk erreichten. Und im regionalen Rahmen populär wurden sie erst, als sie Sendungen machten, die über die Grenzen der Region hinausgingen und den Zuschauern Bilder aus einer Welt zeigten, die die meisten nur vom Hörensagen kannten. Für mich ist TV-Journalismus, der sich um die Belange des regionalen Alltags kümmert, unverzichtbar. Aber auf das Publikum in der deutschen Provinz, das mit Fremdem nicht eben verwöhnt war, übte das Fern-Sehen des Fernsehens begreiflicherweise einen besonderen Reiz aus. Dieser Neugier kam mein Kollege Günter Siefahrt mit Entdeckungsreisen durch die Wissenschaften entgegen. Und ich fand mich, gemeinsam mit der britischen Fernsehansagerin Mary Malcolm, eines Tages im Schloß von Edinburgh wieder und hatte in einem Interview den Geiger Yehudi Menuhin zu Gast. Aber bevor unserem Fernsehbetrieb solche Proben gelangen, waren wir in Köln allenfalls die Kleinkunstbühne.

Champagner

Das Gespräch mit Menuhin war Teil einer Live-Übertragung vom *Edinburgh Tattoo*, einem Militärspektakel mit geschmückten Reitern auf geschmückten Pferden, das auch bei Deutschen damals sehr populär war.

Nach der Sendung erreichte mich völlig überraschend ein Telefonanruf. Ich hatte eben die Sprecherkabine verlassen und trabte auf dem Hof zwischen den Kabeln entlang, da rief ein Techniker unserer englischen Crew über den Platz: »Anybody by the name of Frederiks around here?« – »Ja, hier, das bin ich!« Im Office drückte mir der Brite den Hörer in die Hand, und am anderen Ende der Leitung sprach ein Mann namens Werner Höfer: »Sehr gut, Herr Kollege.« Der Chef der »Aktuellen Abteilung« beim Kölner Sender hatte sich die Mühe gemacht, einen Fernseheleven wie mich aufzustöbern und ihm den Rücken zu stärken. Nicht im Büro nebenan, sondern in England, per Ferngespräch.

Dieser Anruf hätte jedem TV-Novizen wie Champagner geschmeckt, und so schwebte ich wie auf einer Wolke in mein Hotel zurück. Gute Ratschläge und spontanes Lob hat Werner Höfer seinen Leuten auch noch verabreicht, als er beim WDR längst Programmdirektor war. Frühe Lehrmeister verrät man nicht, selbst wenn später Dinge aus noch früherer Vergangenheit ans Licht kommen, die sich nur mit Schwierigkeiten lesen lassen. Zu verstehen sind sie nicht.

Tagesschau

Am zweiten Weihnachtsabend 1952 hatte in Hamburg die *Tagesschau* Premiere. Da ihre Jungfernsendung nicht aufgezeichnet wurde, waren dem ansonsten vorzüglichen *Tagesschau*-Archiv 1994 die ersten Worte nicht mehr zu entlocken. Ich vermute aber, sie kamen aus dem Munde Seiner Heiligkeit Eugenio Pacellis, der als Papst Pius XII. sein weihnachtliches *urbi et orbi* sprach.

Nachdem die *Tagesschau* anfänglich nur viermal wöchentlich ausgestrahlt wurde, war sie seit dem 1. Oktober 1956 täglich außer sonntags im Programm. So wurde sie zur abendlichen Uhr der Deutschen – deren Kreis noch gut überschaubar war. Die Zuschauer der ersten Jahre hätten im Petersdom problemlos in einem Seitenschiff niederknien können. Dennoch, das Kennzeichen der *Tagesschau* war ihre Pünktlichkeit. Punkt 20 Uhr ertönte der Gong. Die dann folgenden Neuigkeiten jedoch konnten es mit der Pünktlichkeit, die wir heute als Aktualität schätzen, umständehalber nicht so genau nehmen. Das war vor allem ein logistisches Problem. Allein mit Berichten aus dem Raum Hamburg war die Sache natürlich nicht getan, obwohl sich die Redaktion oft und gern vor Ort bediente – kaum eine Schiffstaufe oder eine größere Veranstaltung in Planten und Blomen, die sie ausgelassen hätte. Aber es sollte ja ein Programm für ganz Westdeutschland sein. Die

Tagesschau hatte also Redaktionen in allen Funkhäusern der ARD, in München, Berlin, Stuttgart, Frankfurt, Baden-Baden usw. Einer der beiden Korrespondenten in Köln war ich.

Weil die Beiträge noch nicht überspielt werden konnten, steckten wir die Filmrollen in einen Sack und gaben ihn am Expreßschalter der Bahn nach Hamburg auf. Dort landeten die Filme zuerst in der Kopieranstalt, dann im Schneideraum und schließlich im Filmgeber. Die *Tagesschau* leistete sich bis zur Premiere von Karl-Heinz Köpcke am 2. März 1959 keinen sichtbaren Sprecher; und so präsentierte ein Mann namens Kay-Dietrich Voss die Sendung aus dem Off, aus der Sprecherkabine. Dort hielt er die Manuskripte in der Hand, der Redakteur stand neben ihm. In dem Moment, in dem das erste Filmbild auf dem Schirm erschien, klopfte der Redakteur dem ganz auf sein Blatt fixierten Voss auf die Schultern, und der begann zu lesen. Der Redakteur klopfte ihm wieder auf die Schulter, wenn er eine Pause einlegen oder mit dem Text zu einer neuen Filmsequenz beginnen sollte. Sprach Voss den Text zu schnell, drehte der Redakteur einen Zeigefinger im Kreis, redete er zu langsam, strich er ihm sanft über den Arm.

Während die Filme der Inland-Redaktionen meist noch am Tage des Ereignisses gesendet werden konnten, waren Hans Walter Berg aus Neu-Delhi und die anderen Auslandskorrespondenten oft erst 24 oder 48 Stunden post festum im *Tagesschau*-Programm. Eigentlich hätte Kay-Dietrich Voss um 20 Uhr dann sagen müssen: Der amerikanische Präsident ist gestern in Paris eingetroffen. Aber auch bei der *Tagesschau* wußte man schon zeitig, aus der Not eine Tugend zu machen. Und so hieß es einfach: Der Frankreich-Besuch des US-Präsidenten verläuft harmonisch.

Erste Moderation

In Köln gab es also zwei Fernsehredakteure, Josef Mühlbauer und mich. Der eine kümmerte sich um die *Tagesschau,* der andere um die übrigen Aktualitäten. Nach anfänglich aussichtsloser Konkurrenz zum Hörfunk traten wir allmählich aus dem Schatten des großen Radiobruders heraus. Wir versuchten uns an Sendungen, die nicht länger verfilmter Hörfunk waren, sondern mit den Mitteln des Films zeigten, was vorher der Phantasie des Hörers überlassen war.

Als der damals erst fünfunddreißigjährige Architekt Harald Deilmann 1955 das Stadttheater in Münster erbaut hatte, drehte ich über die Eröffnung meine erste eigene Fernsehreportage – etwa zwanzig Minuten lang war das Stück. Und als der umtriebige Werner Höfer dem Radio-Longseller *Zwischen Rhein und Weser* den Fernseh-Zwilling *Hier und Heute* hinzu erfand, war ich

einer der Moderatoren. Höfer demonstrierte schon damals die Gleichberechtigung der Geschlechter: Mann
und Frau wechselten sich jeden Tag ab – auf Carl Weiß
folgte Ruth von Vultejus (die beiden haben später
geheiratet), auf Christian von Chmielewski Eva Wind-
möller, auf Walter Erasmus Dagmar Späth. Alle ver-
knüpften eine Reihe von Filmreportagen und unter-
hielten sich mit ihren Studiogästen.

Ich zum Beispiel hatte den amerikanischen Automo-
bilkönig Henry Ford II. zu Gast, den englischen Schauspieler Sir Laurence Olivier und den deutschen Chirur-
gie-Professor Werner Theodor Forssmann, der sich
1929 im Selbstversuch einen Herzkatheter einpflanzen
ließ und dafür 1956 den Medizin-Nobelpreis erhalten
hatte.

Die Oboe

Mein Monatsgehalt war nicht gerade die Erfüllung
eines Traumes: 890 Mark brutto. Als die Dame von der
WDR-Personalabteilung mein bekümmertes Gesicht
sah, wies sie mich aufmunternd darauf hin, ich dürfe
aber die zusätzlichen dreißig Mark für die Kantinen-
bons nicht vergessen. Meine Lebensfreude hat das Not-
groschen-Salär kaum gemindert. Nur, wenn ich morgens vor die Tür trat, blieb mir auf meinem Weg zur

Straßenbahn der rote Porsche meines Nachbarn Lothar Faber nicht verborgen, so provozierend stand er vor dem Haus. Nachbar Faber war Solo-Oboist im Kölner Symphonieorchester und auch sonst ein beneidenswerter Mann. Hatte ich etwas falsch gemacht, sollte auch ich als Oboe anheuern? Jedenfalls schlich ich, wenn ich meine Wohnung hinter mir verriegelt hatte, immer wieder um das wunderschöne, feuerrote Auto.

Das Sparschwein füllt sich auch im Leben eines Fernsehredakteurs. Und so hatte ich die damals astronomischen achttausend Mark für das Objekt der Begierde irgendwann auf der hohen Kante und leistete mir selber einen Porsche – grau und gebraucht, aber ein Porsche. Bald dreißig Jahre lang bin ich dem Luxusgefährt in immer wieder neuen Farben verbunden geblieben. Bis ich mir mit sechzig sagte: Schluß, du bist zu alt. Es war Zeit für eine bequeme Limousine.

20-Uhr-Poesie

Einen aktuellen Vorgang zu drehen, eine Textvorlage zu schreiben und das Ganze in die Zentrale zu schikken ist in der Tagesberichterstattung nur der erste Schritt. Das Material zu bearbeiten, zu schneiden, zu texten und zu mischen, das ist der zweite. Mitte der fünfziger Jahre war das in Köln nicht möglich. Es gab im Fernsehen nur eine Nachrichtensendung: die *Tagesschau* – und die kam aus Hamburg.

1956 beschloß die Kölner Sendeleitung, mich für einige Zeit nach Hamburg zu delegieren, ich sollte dort das ganze Handwerk lernen. *Tagesschau*-Chef war damals Martin Swoboda, und ich wurde Mitglied einer Viererbande: neben Karl-Heinz Krüger, der später zu Henri Nannens *Stern* wechselte; neben Hans Wilhelm Vahlefeld, der sich schon Ende der fünfziger Jahre als ARD-Korrespondent nach Ostasien verabschiedete; und neben Ursula Purzer, einer pfiffigen Cutterin mit großer Spielfilmerfahrung. Mit wurde später bescheinigt, ich hätte ein »Händchen für Filmtexte«. Ich muß es mir in Martin Swobodas *Tagesschau*-Redaktion erworben haben. Denn Swoboda brachte uns bei, woran man einen mißlungenen Filmtext erkennt: daß er das Offenkundige erklärt und in Worten wiederholt, was die Bilder bereits zeigen – anstatt ihnen Neues hinzuzufügen.

Was aber zu lernen war, das lernte ich, wenngleich ohne Streß; bei vier Sendungen pro Woche war Zeitdruck nicht unser Problem. Es hat sogar *Tagesschauen* gegeben, für die ich meine Texte in Versform geschrieben habe, etwa anläßlich eines Beitrags zum Saisonschluß in Baden-Baden. Diese *Tagesschau*-Reime haben die deutsche Poesie gewiß nicht bereichert. Aber sauber, das gelobe ich, sind sie gewesen. Von der Koketterie mit der Panne, vom Flirt mit dem Fehler, habe ich nie etwas gehalten. Pannen kommen von allein und in immer neuen Varianten. Wer damit poussiert – vielleicht, um Geistesgegenwart zu demonstrieren –, kommt früher oder später zu Schaden.

Wir mußten unsere Probleme nicht erfinden: Das Expreßgut mit den »aktuellen« Filmrollen erreichte die Redaktion oft jenseits des Haltbarkeitsdatums. Noch immer hatten wir mit der Asynchronität von Bild und Ton zu kämpfen: Der Innenminister macht den Mund auf, doch die Zuschauer hören ihn nicht; der Außenminister schweigt, doch man vernimmt seine Worte.

Und noch immer hatte ich kein Auto, so daß mich der Kollege Vahlefeld, wenn er mich in die *Tagesschau* trotten sah, manchmal gnädig auf den Rücksitz seiner Vespa lud. Hin und wieder fuhr er mich auch nach Hause. Das war damals ein möbliertes Zimmer am Lokstedter Weg – der wichtigste Grund für meinen Wunsch, die Hamburger Lehrzeit nach einem knappen Jahr zu beenden und nach Köln zurückzukehren.

Der Pilot

Im siebten Jahr erhielt die *Tagesschau* endlich einen sichtbaren Sprecher. Gong acht erschien plötzlich Karl-Heinz Köpcke im Bild: »Guten Abend, meine Damen und Herren.«

Nach Ansicht der ARD-Intendanten war ein Sprecher unumgänglich geworden, weil das Leben häufig eine komplizierte Sache sei, die eines Erzählers bedürfe. Mit Karl-Heinz Köpcke hatten die Intendanten den besten Griff getan, der sich denken ließ. Köpcke hatte sich zuerst bei Radio Bremen und dann beim WDR-Hörfunk als vorzüglicher Sprecher empfohlen. Und er war auch bei der *Tagesschau* gut – und den Deutschen so präsent, daß ihn, in einer demoskopischen Umfrage, zwei Prozent für den Bundespräsidenten und mehr als zehn Prozent noch für den Regierungssprecher hielten. Diese allseitige Anerkennung führte dazu, daß die Zuschauer Karl-Heinz Köpcke mit der *Tagesschau* identifizierten, wenn schon nicht mit der Villa Hammerschmidt; auch Karl-Heinz Köpcke empfand sich nach und nach als die Verkörperung der Fernsehnachricht schlechthin.

Die Folgen dieses Trugschlusses habe ich später selbst erfahren. Mit der Einrichtung der *Tagesthemen* nämlich hatte man Köpcke die Spätausgabe der *Tagesschau* – und damit die Spätausgabe seiner selbst – genommen. Also hat er sich den *Tagesthemen* beharrlich verweigert. Nicht ein einziges Mal mochte Köpcke bei mir den Nachrichtenblock verlesen. Jo Brauner, Dagmar Berghoff, Jan Hofer, Werner Veigel, Wilhelm Wieben – keine Probleme. Aber Köpcke?

Obwohl er sonst einen angenehmen Ton mit mir pflegte, bestand er auf seinem Nein. Köpcke fühlte sich als Kapitän und dachte nicht im Traum daran, sein

Cockpit mit einem Kopiloten zu teilen, und schon gar nicht mit »irgendwelchen Journalisten« wie meiner *Tagesthemen*-Kollegin Ulrike Wolf und mir, die nicht einmal ein Sprecher-Examen vorweisen konnten.

Brüssel

Nach dem *Tagesschau*-Intermezzo war ich kaum an meinem Schreibtisch in Köln, da durfte ich ihn auch schon wieder räumen. In Brüssel erregte 1958 die Weltausstellung internationale Aufmerksamkeit, und so wurde in unserer Redaktionskonferenz beschlossen: Wir zeigen jeden Sonntagabend ein dreißigminütiges Magazin über die jeweils zurückliegende Woche, einen *Bericht aus Brüssel*.

Aus heutiger Sicht ist nur schwer zu vermitteln, was für ein staunenswertes Ereignis dieser Brüsseler Technopark seinerzeit war. In einer Zeit, in der die Fernsehzuschauer selbst Mondlandungen inzwischen gelangweilt aus dem Programm zappen, haben die Weltausstellungen an Attraktivität verloren. Aber die Brüsseler war noch eine Sensation. Als ihr Symbol galt das Atomium, eine 110 Meter in den Himmel ragende Kugelkonstruktion, die 150milliardenfache Vergrößerung der Elementarzelle eines Eisenkristalls. Auch die

Amerikaner hatten sich Gigantisches einfallen lassen: Ein Cinerama-Rundkino etwa, vor dem sich täglich Tausende von Menschen drängelten, um die Geschichte des Wilden Westens und des modernen Amerika an sich vorüberziehen zu lassen.

Die Deutschen hingegen verspürten begreiflicherweise das Bedürfnis, die Zäsur deutlich zu machen, die 1945 in ihrer Geschichte eingetreten war. Sie zeigten Dokumente der jungen deutschen Demokratie, erlesene Produkte deutschen Gewerbefleißes und boten ein eindrucksvolles Kulturprogramm. Sie waren gut beraten, sich mit einem zwar schönen, aber nicht auftrumpfenden Pavillon zu bescheiden, den der Karlsruher Architektur-Professor Egon Eiermann entworfen hatte. Auch die Sehenswürdigkeiten dieses Pavillons rückten Deutschland in mildes Licht – man zeigte Partituren berühmter Komponisten und Handschriften großer Dichter.

Indien

In meinem Brüsseler Jahr erfuhr die Kölner Redaktion, daß eine deutsche Firma von der indischen Regierung den Auftrag erhalten hatte, einen Tunnel durch den Banihal-Paß im Himalaya-Gebirge zu schlagen. Der Tunnel sollte die beiden Teile des indischen Bundesstaates Kaschmir/Jammu miteinander verbinden. Die Inder konnten Kaschmir im Winter nur mit dem Flugzeug erreichen, und es war ihnen nicht nur aus militärischen Gründen wichtig, auch auf dem Landweg zu jeder Jahreszeit Zugang zu haben. Trotz großer Zweifel, ob ich mir zutrauen sollte, ein solches Projekt filmisch zu bewältigen, riskierte ich in der Redaktion den Vorschlag: Ich wollte zeigen, was ein deutsches Unternehmen am anderen Ende der Welt zuwege bringt.

Zu meiner Verblüffung bekam ich den Zuschlag. Aus Kostengründen reiste ich allein, ausgerüstet lediglich mit der Adresse eines indischen Kameramannes, den der WDR als meinen Partner verpflichtet hatte. Er empfing mich in Neu-Delhi am Flughafen, brachte mich ins Hotel und half mir sehr freundlich sogar beim Auspakken der Koffer. Dabei sah er wohl, daß ich Travellerschecks bei mir hatte, und muß beschlossen haben: Wenn der komische Deutsche Indien verläßt, werden sie samt und sonders den Besitzer gewechselt haben.

Hans Walter Berg

Im Hotel wohnte ich nur drei Tage. Als ich bei der Beschaffung der nötigen Papiere auf diversen Ämtern in Neu-Delhi jenen bis zur Karikatur verfeinerten Formalismus kennengelernt hatte, den die Inder von ihren britischen Kolonialherren übernommen haben, war ich der Verzweiflung nahe. Da lud mich Hans Walter Berg in sein Haus ein. Kollege Berg, dessen Frau und Kinder gerade in Europa weilten, war damals noch eine Art Bauchladen-Journalist – der für den deutschen Rundfunk und eine Reihe von Zeitungen aus Indien berichtete. Er lebte für mich wie ein Maharadscha: mit Dienern und Chauffeur, Koch und Gärtner. Wenn es Berg im Sommer in Neu-Delhi zu heiß wurde, zog er sich nach Srinagar auf ein Hausboot zurück. Diese Hausboote auf den Seen um die Hauptstadt Kaschmirs waren schwimmende Luxussalons mit verschwenderisch dicken Teppichen und baldachinbewehrten Betten. Wer speisen wollte, ließ sich ein Cook-Boat kommen, wer durch das Einkaufsviertel flanieren wollte, winkte eine Shikara, eine Art Gondel, herbei. Nach dem Five o'clock tea vertrieb man sich die Zeit mit einer Runde Wasserski.

Tunnel

Soviel orientalischen Luxus kannte ich noch nicht einmal aus dem Kino. Als ich ihn als Hans Walter Bergs Gast für ein paar Tage genießen durfte, hatte ich drei Wochen Filmarbeit auf einer Baustelle hinter mir. Sie lag auf der anderen Seite des Gebirgmassivs, das den indischen Bundesstaat Kaschmir/Jammu in die Lebensbereiche der Kaschmiris jenseits der Berge und die der Sikhs diesseits teilt. Am Fuße des Banihal-Passes war 2200 Meter über dem Meeresspiegel eine Barackenstadt entstanden, in der etwa tausend indische Arbeiter und Techniker lebten und ein halbes Dutzend deutscher Ingenieure, Mitarbeiter der Stuttgarter Baufirma Baresel, die für das Tunnelprojekt den Zuschlag erhalten hatte. Ein solcher Auftrag für ein schwäbisches Unternehmen, noch dazu in der Unzugänglichkeit der Landschaft im hohen Norden Indiens, war damals eine in Deutschland vielbestaunte Rarität. Die ersten Stuttgarter waren schon fünf Jahre zuvor in den Berg gestiegen, hatten monatelang in Zelten kampiert, um die nötigen Vermessungsarbeiten durchzuführen. Als wir zu drehen begannen, war mehr als die Hälfte schon geschafft. Gut anderthalb Kilometer Tunnel waren in Tag- und Nachtschichten in den Berg gebohrt worden – trotz moderner Maschinen eine Knochenarbeit: naß, kalt und immer gefährlich.

Auf der Rückreise nach Neu-Delhi begann ich zu ahnen, daß mir Unangenehmes bevorstand – die Abrechnung mit dem indischen Kameramann. Noch in Köln waren für seine Tätigkeit, die seines Assistenten und für die Benutzung seiner Ausrüstung feste Sätze ausgemacht worden. Er hatte sie akzeptiert. Das Filmmaterial hatte ich mitgebracht. In Neu-Delhi erklärte er mir, was er vorher schon angedeutet hatte – er habe eine

Reihe von Sonderaufwendungen gehabt, die er mir leider in Rechnung stellen müsse. Ich hätte es mir leichtmachen und gegen Quittung alles bezahlen können; Geld war noch da. Aber keine seiner Nachforderungen schien mir berechtigt. Mir wurde klar, daß ich über den Tisch gezogen werden sollte. Leute mit mehr Indien-Erfahrung wären wahrscheinlich auf den Deal eingegangen, weil es in der Regel kaum lohnt, sich wegen einer vergleichsweise geringen Summe Ärger zu machen, der sich über Tage hinzieht, die Laune verdirbt und das Geschäft gefährdet. Ich, ganz preußisches Beamtenkind, wehrte mich dagegen – mit dem Ergebnis, daß sich der Kameramann weigerte, das inzwischen belichtete Filmmaterial an mich herauszurücken. Erst mit Hilfe der Deutschen Botschaft – die wiederum die Hilfe der indischen Polizei brauchte – kam ich dann eine ganze Woche später doch noch zu meinen Bildern vom Banihal.

Elend

Trotz der unerfreulichen Auseinandersetzung mit dem Kameramann war meine erste Reise nach Indien eine wichtige Erfahrung. Ich kannte so gut wie nichts von der Welt, von der Dritten schon gar nicht. Im Krieg und kurz danach hatte ich, wie jeder andere Deutsche meines Alters, Armut, Hunger und Zerstörung erlebt oder wenigstens gesehen, aber eben nur in Deutschland und immer in der stillen Zuversicht, daß in nicht allzu ferner Zeit alles wieder in Ordnung sein werde. So ist es ja auch gekommen. In Indien aber sah ich, daß Elend die Normalität sein kann, nicht die Folge eines Krieges oder einer Naturkatastrophe. Ein Zustand, in den Millionen Menschen, wie ihre Eltern vor ihnen und ihre Kinder nach ihnen, hineingeboren werden und dem sie nicht entkommen können.

Ich bin nicht mit verbundenen Augen durch Neu-Delhi gegangen. Ich habe die verkrüppelten Kinderbettler gesehen, ihre mutwillig zerschlagenen, gebrochenen Hände, die das Mitleid der Touristen erregen sollen. Das sind Anblicke, die Bedrückungen auslösen, eine Art innere Lähmung. Und wer kein steinernes Herz hat, der nestelt ein paar Rupien aus der Geldbörse und steckt sie den Kindern zu.

Auch ich war wie gelähmt, und auch ich habe mein Gewissen mit ein paar Rupien beruhigt. Doch schon am dritten, vierten Tag habe ich mich an den hilflosen Wesen wie jeder x-beliebige Tourist vorbeizudrücken versucht. Ich habe mich sogar dabei ertappt, Wege zu suchen, auf denen ich ihrem Elend nicht begegnen würde. Vielleicht hat sich die menschliche Natur ein Regulativ geschaffen, das es ihr erlaubt, selbst in der Nachbarschaft des Leidens weiter zu funktionieren. Der Preis dafür ist hoch. Doch es gibt Situationen, in denen Journalisten zu Verwandten der Ärzte werden müssen.

Neue Heimat Übersee

Zu Beginn der sechziger Jahre schlugen Olrik Brekkoff und ich unserem Sender eine dokumentarische Reihe vor, in der wir Menschen nachspüren wollten, die Deutschland den Rücken gekehrt hatten. Millionen Deutscher haben in den ersten Nachkriegsjahren mit dem Gedanken gespielt, in Nord- oder Südamerika, Australien oder Südafrika noch einmal ganz von vorn anzufangen. Selbst ein Leben in der Fremde, so dachten sie, müßte mehr zu bieten haben als der graue Alltag im viergeteilten Deutschland. Die allermeisten sind dann doch geblieben, es ging schnell aufwärts in Trizonesien, der Traum war bald vorbei, aber für viele nicht vergessen. Hunderttausende sind ausgewandert. Vielleicht wollen einige der Daheimgebliebenen wissen – so spekulierten Breckoff und ich –, was aus ihnen geworden ist. Haben sie die große Chance versäumt, oder ist ihnen Schlimmes erspart geblieben? Das müßten doch Fragen sein, auf die viele der Träumer vom Glück in Übersee gern eine Antwort hätten.

Bei den Recherchen wurde uns bald klar, daß die Beschränkung auf Nachkriegsauswanderer leicht monoton werden kann, daß der Bogen unserer Reihe weiter gespannt werden sollte, weil es viele gute Geschichten gibt, die nicht erst 1945 und kurz danach begonnen haben.

Unsere erste Reise führte uns in die USA, nach New

York, Chicago, Los Angeles und in den Bible Belt im Mittleren Westen, der so heißt, weil dort mehr schlichte Frömmigkeit zu Hause ist als bei den Hedonisten am Pazifik oder den Intellektuellen an der Ostküste. Im Bundesstaat Iowa stießen wir auf eine Gruppe deutschstämmiger Amerikaner, deren Vorfahren noch vor der Paulskirchen-Revolution von 1848 eingewandert waren, geflohen, wie ihre Geschichtsbücher festhalten, vor der Verfolgung durch die hessische Obrigkeit. Sie gehörten einer pietistischen Sekte aus dem 17. Jahrhundert an, die eine Art christlichen Kommunismus praktizierte – niemand durfte nennenswerten Besitz haben, alles in den Gemeinden war Gemeinschaftseigentum. Bei diesen Prinzipien blieb es zunächst auch nach der Auswanderung 1843. Die Ebenezer-Gesellschaft, so nannte sich die Sekte, ließ sich zuerst in der Gegend von Buffalo nieder. Zwölf Jahre später zogen die Hessen, wegen der fruchtbaren Böden und des milderen Klimas, weiter in den Farmerstaat Iowa. Dort sind sieben kleine Dörfer entstanden, fast alle haben das biblische Wort Amana in ihren Namen: High-Amana, Low-Amana, West-Amana usw. Nicht mehr als 1500 Menschen lebten in den sieben Gemeinden, als Olrik Breckoff, sein Assistent Dieter Perschke und ich 1960 bei den Amana-Deutschen in der Nähe von Iowa-City ankamen.

Viele Sehenswürdigkeiten hat der Mittlere Westen Amerikas nicht, die grüne Idylle rings um die Siedlungen der ausgewanderten Hessen war zu einer Touristenattraktion geworden. Ein paar Gasthäuser, mit alten Möbeln erstaunlich stilsicher eingerichtet, boten ländliche deutsche Küche – Würste aller Art, Kasseler und das unvermeidliche Sauerkraut. Wir trafen dort einen berühmten amerikanischen Baseballspieler. Er war zu Besuch bei Verwandten, seine Familie stammte aus einem der Amana-Dörfer. Ein kleines Museum bewahrte Habseligkeiten, die die Schiffsreise über den Atlantik überstanden hatten – Leinenröcke, Spinnräder, alte Schulhefte, vergilbte Tagebuchblätter. Auf einer alten Truhe stand »Wilma Börger, Bremerhaven – New York«.

Einige der Alten sprachen ein nicht immer leicht verständliches Deutsch. Sie hatten es in den Familien und in den Jahren bis zum Ersten Weltkrieg in den Dorfschulen gelernt.

Den Grundsatz der Besitzlosigkeit hatten die Glaubensbrüder Ende des 19. Jahrhunderts aufgegeben. Schon der zweiten Generation war das Leben in der Hügellandschaft Iowas zu eng geworden. Die Unternehmungslustigen unter den Jungen zogen in die Städte und wurden Kaufleute, Juristen, Lehrer, Ingenieure. Einige von ihnen begannen mit dem Bau von Kühlschränken, später auch von Klimaanlagen. Sie gaben ihren Produkten den Namen »Amana«. Inzwischen sind »Amana Freezers« und »Amana Air Conditioners« das Beste (und Teuerste), was die amerikanische Industrie auf diesem Gebiet anzubieten hat – der Rolls-Royce unter den Kühlgeräten. Sie stehen im Weißen Haus und

Der junge Moderator 1957 im seinerzeit einzigen Fernsehstudio des WDR in Köln. *Hier und Heute* hieß die Sendung; sie war das erste, täglich ausgestrahlte Regionalprogramm des Deutschen Fernsehens.

Als *Tagesschau*-Reporter bei Aufnahmen im Kontrollraum eines Chemie-werks. An der Kamera mein langjähriger Reisegefährte Olrik Breckoff, ne-ben ihm Dieter Perschke, damals sein Assistent, inzwischen längst selbst erfolgreicher Dokumentarfilmer.

Zu Gast im *Hier und Heute*-Studio: Elly Beinhorn, wegen ihrer Karriere im Dritten Reich damals heftig umstrittene Expeditions- und Testpilotin, Wit-we des Rennfahrer-Idols Bernd Rosemeyer.

Mit diesem Bild
wollte ein junger
Kölner Fotograf
meiner Mutter
(und einer ande-
ren, erheblich
jüngeren Dame)
eine Freude
machen. Ist ihm
vorübergehend
auch gelungen.

1960 im gepumpten Cut auf
der Rennbahn von Ascot.
Den anderen grauen Zylin-
der trägt Heinz Eil vom
Hessischen Rundfunk. Er
war für den sportlichen Teil
dieser BBC-Übernahme zu-
ständig, ich hatte die Gäste
in der »Royal Enclosure«
zu identifizieren und ihre
Hüte sowie andere Besonder-
heiten zu beschreiben.

1956 vor einer im ganzen ziemlich mißratenen Live-Sendung von Bord eines amerikanischen Flugzeugträgers. Die beiden anderen Reporter sind
Jürgen Roland (Mitte), der nach der Sendung beschloß, doch lieber richtige
Krimis zu drehen, und Peter Frankenfeld, der das Unternehmen vor allem
als Herausforderung an seine Improvisationskunst verstand.

In einem Fernsehstudio in Hollywood, Anfang der sechziger Jahre. Der
Mann in der Mitte, Roger Moore, hat später in anderen Verkleidungen eine
Weltkarriere gemacht, als James Bond.

Sir Laurence Olivier
1962 im *Hier und Heute*-
Studio. Er war in Lon-
don gerade Direktor
des *National Theatre*
geworden und reiste
durch die Westzonen,
um Theaterbauten zu
besichtigen, die nach
dem Krieg entstanden
waren.

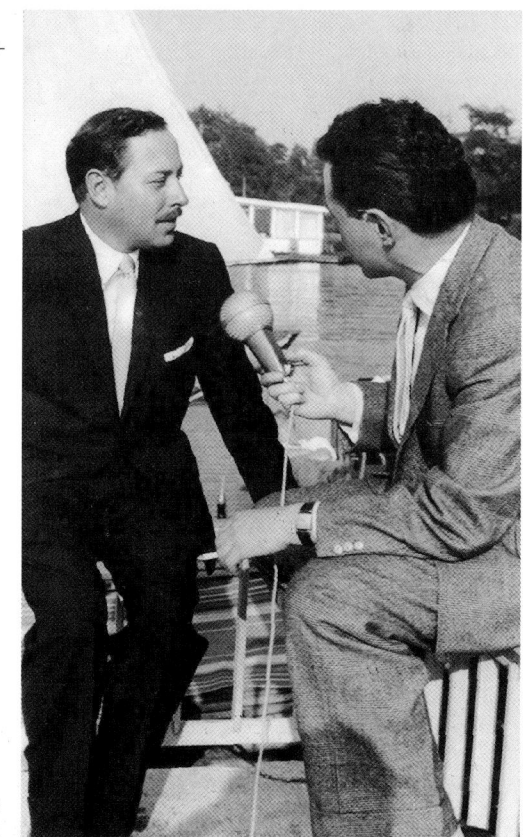

Im Sommer 1956 mit
dem amerikanischen
Dramatiker Tennessee
Williams an der Alster.

1959 auf Schloß Edinburgh, in einer Pause der Live-Übertragung des *Edinburgh Tattoo*, einem damals auch in Deutschland sehr populären, musikalischen Militär-Spektakel. Rechts meine BBC-Kollegin Mary Malcolm, die vorzüglich Deutsch spricht, wie auch unser Gast, Sir Yehudi Menuhin.

Neue Heimat Übersee hieß die WDR-Reihe, in der wir Anfang der sechziger Jahre ausgewanderten Deutschen nachspürten. In Chicago trafen wir einen gebürtigen Aachener, den weltberühmten Architekten Ludwig Mies van der Rohe.

1956 im *Hier und Heute*-Studio Prof. Werner Forßmann, der als erster Deutscher nach dem Krieg den Nobelpreis für Medizin bekam.

Prof. Otto Hahn, dem 1944 in Abwesenheit der Nobelpreis für Chemie zuerkannt worden war, 1958 im deutschen Pavillon auf der Weltausstellung in Brüssel. Sie war ein großes Ereignis, über das die ARD sechs Monate jeden Sonntagabend eine halbe Stunde lang berichtete, unter dem nicht gerade reißerischen Titel *Bericht aus Brüssel.*

Vielleicht nahm sich Bonn damals noch nicht so wichtig wie heute, jedenfalls genügte in den fünfziger Jahren meist ein Anruf, um bei Theodor Heuss, dem ersten deutschen Bundespräsidenten, zu einem Gespräch zu kommen.

Bei der Überspielung eines Beitrags für die *Tagesthemen* im Aufzeichnungs-
zentrum von ARD-aktuell in Hamburg-Lokstedt.

in den Villen der feinsten Familien im Land. Sie sind der Traum jedes Marketingexperten: ein Prestigeprodukt, das kaum noch Werbung braucht.

Einige der Amana-Deutschen in den Städten sind im Alter nach Iowa zurückgekehrt; es sind fast ohne Ausnahme wohlhabende Leute. Den Dörfern sieht man an, daß hier Menschen zu Hause sind, die es im Leben zu etwas gebracht haben. Das moderne Deutschland bedeutet den meisten nicht viel mehr als ein wirtschaftlich eindrucksvolles Stück des Kontinents Europa. Geblieben ist ihnen allerdings eine sentimentale Bindung an die Heimat ihrer Vorfahren. Aber sie wissen, daß es das Land, in dem die alte Heimat liegt, längst nicht mehr gibt. Sie sind durch und durch Amerikaner, für die Deutschen in Deutschland keine Landsleute, bestenfalls weit entfernte Verwandte. Wir sollten uns hüten, sie zu vereinnahmen.

Hollywood

Die einzigen politischen Auswanderer hatten wir in Los Angeles und Chicago vor der Kamera. In Los Angeles den 1933 aus Wien emigrierten Billy Wilder, in Chicago den 1938 aus Aachen emigrierten Ludwig Mies van der Rohe. Billy Wilder, dessen Vorname ursprünglich Samuel war, hatte 1960 mit Shirley MacLaine und Jack Lemmon die Angestellten-Komödie *Das Appartement* und 1961 die Berlin-Satire *Eins, zwei, drei* mit James Cagney und Horst Buchholz gedreht. Als unser Team bei ihm aufkreuzte, arbeitete er mit seinem aus Rumänien stammenden Scriptwriter I. A. L. Diamond gerade am Drehbuch zu seinem Film *Das Mädchen Irma la Douce* – an einem Stehpult. Meinem Gespräch mit seiner eleganten Frau entnahm er, daß ich, reichlich über meine Verhältnisse, auf dem Sunset Boulevard im Hotel Château Marmont abgestiegen war. Da blickte Wilder von seinem Stehpult zu uns herüber und erzählte die inzwischen berühmt gewordene Geschichte, daß auch er dort einst genächtigt hatte: »Allerdings nicht in einer Suite wie seinerzeit Greta Garbo und jetzt vermutlich Sie, sondern auf einer Matratze neben der Damentoilette.«

Den sprichwörtlich armen Dichter kannte Wilder nicht nur aus der Literatur. Er war in seinen frühen Hollywood-Jahren selber einer gewesen; und er hat den erfolglosen Schreibern auch ein Denkmal gesetzt: in seinem Film *Boulevard der Dämmerung.*

Chicago

Der siebenundsiebzigjährige Ludwig Mies van der Rohe, dessen Bauten das Stadtbild von Chicago prägen, empfing uns im obersten Stockwerk eines von ihm entworfenen Gebäudekomplexes: in den Lake Shore Drive Appartements, wo er sich ein Atelier eingerichtet hatte. Mies van der Rohe war ausgebildeter Steinmetz und hatte nie eine Universität besucht. Diese Autodidaktenkarriere machte großen Eindruck auf mich: ein Handwerker, der nicht nur zum stilprägenden Möbel-Designer, sondern neben Walter Gropius und Le Corbusier auch zu einem der Architektur-Päpste des Jahrhunderts aufgestiegen war.

Als wir ihm unser Thema erläutert hatten, machte er uns ein Geständnis, das ihm sichtlich unangenehm war: auch er sei 1933 den Nazis mit einer – später korrigierten – Ergebenheitsadresse dienlich gewesen. Van der Rohe arbeitete damals an den Plänen für den Coca-Cola-Firmensitz in Mexiko City, die jedoch nie realisiert wurden. Mies van der Rohe hat diese Pläne später beim Bau der Neuen Nationalgalerie in Berlin verwendet. Sie wurde 1967 fertiggestellt, zwei Jahre vor seinem Tod.

Paraguay

Vor über 200 Jahren haben sich deutsch sprechende Mennoniten in Rußland niedergelassen. Nach der Revolution von 1917 flüchteten viele ihrer Nachfahren – einige nach Deutschland, die meisten aber über China in die Neue Welt, nach Nord- und Südamerika.

Die calvinistische Religionsgemeinschaft der Mennoniten hatte sich um 1550 in Holland und im deutschen Norden gebildet. Zu ihren Glaubenssätzen gehörten bedingungsloser Pazifismus und die Unauflöslichkeit der Ehe. Viele von ihnen ließen sich nach der Flucht aus Rußland zunächst in Kanada nieder. Dort kam es zu politischen Konflikten mit der Obrigkeit, weil die Behörden ihre ursprüngliche Zusage zur Errichtung eigener Schulen mit völliger Lehr- und Lernfreiheit nicht einhielten. Für die Mennoniten aber war es entscheidend, ihre Kinder nach ihren eigenen Prinzipien aufs Leben vorzubereiten.

Dem südamerikanischen Staat Paraguay, an dessen Spitze der General Alfredo Stroessner stand, waren solche geistlichen Anliegen ziemlich gleichgültig. Man suchte für die Erschließung des Chaco, eines riesigen Steppengebiets im Norden des Landes, tüchtige Landwirte. Da kamen die Mennoniten gerade recht – beiden war geholfen.

Ich kam mir im Chaco vor wie auf einem Dithmarscher Bauernhof. Unentwegt trabte ein Heinrich aus dem Stall, kochte eine Wilhelmine am Herd, warf ein Oskar den Traktor an, oder sah eine Lieselotte nach den Schafen. In der Kirche wurde deutsch gesungen, in der Schule deutsch unterrichtet, auf den Schmucktellern an den Wänden der Kammern waren deutsche Sinnsprüche zu lesen: »Gott behüte dieses Haus und alle, die hier gehen ein und aus.«

In dieser deutschen Sprachwelt lebten Menschen, von denen die meisten Deutschland nie gesehen hatten. Sie waren keine Eiferer, hatten keinen missionarischen Ehrgeiz und fühlten sich weder als Paraguayer noch als Exkanadier, am ehesten noch als Rußlanddeutsche oder deren Nachkommen, aber im Grunde widerstrebte ihnen jede Art nationaler Zuordnung. Sie wollten Mennoniten sein, Kinder Gottes und Schüler des holländischen Predigers Menno Simon.

Als Olrik Breckoff mehr als zwanzig Jahre später die Mennoniten erneut besuchte, um Filmaufnahmen zu machen, interviewte er den Dorfschulzen. Die erste Frage kam allerdings nicht von Breckoff, sondern vom Schulzen – und der Film hat sie für alle Zeiten aufbewahrt: »Sajen Se mal, wat is eijentlich aus dem netten, dunkelhaarijen Herrn jeworden, mit dem Se letztes Mal hierjewesen sind?«

Der nette, dunkelhaarige Herr moderierte damals, reichlich ergraut, die *Tagesthemen*.

Peru

Auf Mauleseln sind Olrik Breckoff und ich über die Anden nach Pozuzo geritten. Mit einem Szenario in der Satteltasche, das uns darüber aufklärte, was uns in dem weltabgeschiedenen peruanischen Hochtal erwarten würde: eine aus Tirol und der Pfalz stammende Gemeinde. Deren Gründer hatten sich, nach einem Treck von Lima aus, im 19. Jahrhundert hier niedergelassen. Nun kamen Breckoff und ich. In drückend schwere Ponchos gehüllt und unter der Last der nächtlichen Angst am Ende unserer Kräfte, erspähten wir im Morgengrauen plötzlich ein Licht. Wir klopften an eine Tür, und wie im Märchen wurde uns aufgetan: »Servus, kummt's eini.«

Nachdem wir unter der Führung unseres neuen Freundes das in Oxapampa zurückgelassene Team inklusive der Kameras abgeholt hatten, erreichten wir nach einem weiteren Tagesritt endlich die »Tiroler Pfalz«. Voller Neugier kam uns eine lärmende Schar indianisch-österreichischer Kinder entgegen. Sie vermittelten uns mit ihren blauen Augen, dem blonden Haar und der braunen Haut ein Gefühl dafür, was man unter prächtigen Mischlingen zu verstehen hat. Die Großeltern dieser Nachgeborenen hatten erst um 1922 vom Ersten Weltkrieg erfahren, und auch dies nur durch einen Wanderer, der zu ihnen vorgedrungen war, weil er sich verirrt hatte.

Doch man darf sich die Leute im Pozuzo-Tal nicht wie Steinzeitmenschen vorstellen. Sie konnten lesen und schreiben, wohnten in soliden Häusern mit Seegrasdächern und wurden von einem Innsbrucker Pfarrer seelsorgerisch betreut, der sogar ein Schwimmbekken in den Berg gehauen hatte. Sie waren einfach ein von der Welt vergessenes Volk, das in seiner genügsamen Autarkie auch die Welt vergessen hatte. Und wenn die Welt doch einmal über sie hereinbrach, dann befürchteten sie sogleich deren Untergang. So berichtete uns eine alte »Tirolerin« von ihrem noch sehr lebendigen Schrecken, der sie beim ersten Anblick eines über das Tal hinwegdonnernden Flugzeugs ergriffen hatte. Sie hatte es für einen riesigen Vogel gehalten – woher sollte sie auch wissen, daß die Menschen jenseits der Berge inzwischen das Fliegen erfunden hatten?

Ein Flugzeug hätten wir am Ende unserer Reise gut gebrauchen können. Auf dem Rückweg vom Pozuzo-Tal peinigte unseren Kamera-Assistenten Michael Kurt ein so schmerzhaftes Furunkel am Gesäß, daß wir geschlagene vier Tage in den Bergen herumsaßen und darauf vertrauten, daß es aufgehen würde. Bis der Arztsohn Olrik Breckoff sich auf die Kunst seines Vaters besann, dem Kranken einen Stoffetzen in den Mund steckte und sich mit Hilfe einer Rasierklinge als Chirurg betätigte.

Vietnam, 1962

Die letzte Etappe unserer Reise auf den Spuren deutscher Auswanderer führte uns nach Ostasien. In Bangkok begegneten wir einem Mann, der die erste deutsche Bierbrauerei in Asien gegründet hatte; in Saigon erzählte uns ein deutscher Fremdenlegionär seine Geschichte: er trainierte die vietnamesische Fußball-Nationalmannschaft. Deutsche und Bier, Deutsche und Fußball. Das Leben bedient die Klischees reichlich.

Interessanter als der Bierbrauer und der Fußballlehrer war für uns der Arzt Dr. Metz. Er stammte aus dem Elsaß, hatte in Berlin studiert und – inzwischen französischer Staatsbürger – in der Kolonialarmee gedient; er war, wie viele andere auch, nach dem Abzug der Franzosen in Vietnam geblieben. Um sein auf Stelzen gebautes Holzhaus zu finden, mußten wir abenteuerliche drei Tage suchen. Und da saß dann der etwa siebzigjährige Pensionär, der wie ein Albert-Schweitzer-Double aussah, auf der Veranda, Opium rauchend und von Frauen jeden Alters umgeben. In lichten Augenblicken legte er seine Pfeife auf den Schoß und vertraute uns, immer wieder unterbrochen von langen Pausen, seine Geschichte an. Dann zog er wieder an seiner Pfeife und dämmerte seinem Lebensabend entgegen. Nicht lange nach unserem Besuch hat ihn das Ende im Rausch ereilt.

Vietnam, 1963

Nie wieder hat mich ein Land so in seinen Bann gezogen wie das Vietnam der späten fünfziger und frühen
sechziger Jahre. Mit der Schlacht von Dien Bien Phu
war der Indochinakrieg zu Ende gegangen. Die Franzosen, jedenfalls die uniformierten, hatten das Land
verlassen. Auf der Genfer Indochina-Konferenz war
beschlossen worden, zwei souveräne Staaten zu schaffen: das von den USA alimentierte Südvietnam mit der
Hauptstadt Saigon und das vor allem von den Sowjets
und den Chinesen gestützte Nordvietnam mit der
Hauptstadt Hanoi. Daß diese Trennung nicht mehr sein
dürfe als ein unvermeidliches Provisorium, war der
Kern des Glaubensbekenntnisses der roten Revolutio-
näre um Ho Chi Minh.

Aus den Vietminh, den Freiheitskämpfern gegen die
Franzosen, waren die Vietcong geworden – Nationali-
sten die einen wie die anderen. Weil aber nur die kom-
munistische Welt bereit schien, ihnen im Kampf für ein
vereintes Vietnam zur Seite zu stehen, akzeptierten die
meisten auch die Ideologie ihrer Patrone in Moskau
und Peking. Nicht immer aus tiefster Überzeugung: Als
ich 1992 zum ersten Mal seit Kriegsende wieder nach
Saigon kam (die Lufthansa hatte Ho-Chi-Minh-Stadt
ins Programm genommen), traf ich ein paar ehemalige
Vietcong-Offiziere, die mir jeweils unter vier Augen
versicherten, sie hätten als Patrioten gegen die Allianz

der Südvietnamesen und der Amerikaner gekämpft, nicht als Kommunisten. Zwei von ihnen erklärten mir das in fehlerfreiem Deutsch; sie hatten in der DDR studiert.

Wer zu Beginn der sechziger Jahre herausfinden wollte, was es mit den roten Rebellen im Untergrund auf sich hatte, der mußte auch den hinteren Teil der Zeitungen sorgfältig lesen, denn die Welt war gerade mit anderen Krisen beschäftigt. Nur sporadisch und nur auf dem Lande kam es zu Überfällen der Vietcong auf Funktionäre des Diem-Regimes und auf isolierte Stützpunkte der südvietnamesischen Armee. In Saigon war alles friedlich, noch einmal (und für lange Zeit zum letzten Mal) entfaltete sich fast ohne Einschränkung der Zauber einer Stadt, die eine unwiderstehliche Melange war aus allem, was den Charme Südfrankreichs ausmacht, und dem exotischen Flair einer südostasiatischen Metropole. Mit der Brise vom Mekong zog der süße Duft der Dekadenz durch die Avenues, die Oberschicht lebte, als ob es den Krieg gegen die Invasionsarmee der Japaner und später gegen die französischen Kolonialherren nie gegeben hätte. Zehntausende von Franzosen waren nach dem Abzug der Soldaten im Land geblieben, Kaufleute, Anwälte, Ärzte und Architekten, Restaurantbesitzer mit ihren Köchen, Barbetreiber mit ihren Mädchen und allerlei undurchsichtige Gestalten, viele Korsen darunter, die mit wenig Aufwand große Geschäfte zu machen schienen. Man hörte französische Rundfunksender, las Zeitungen in französischer Sprache, das Bürgertum schickte seine Kinder auf französische Schulen und später auf die Universität nach Frankreich. In Indochina, wie in vielen anderen Teilen der Welt, hat die Kultur der Kolonialmacht die Vertreibung der Kolonialisten nahezu unbeschadet überstanden.

In den USA wuchs zu Beginn der sechziger Jahre die Sorge um die Entwicklung in Südvietnam. Das Weiße Haus glaubte an die Dominotheorie – Präsident John F. Kennedy und sein Nachfolger Lyndon B. Johnson befürchteten, eine Eroberung Südvietnams durch die Kommunisten aus dem Norden werde zu einer Kettenreaktion im ganzen südostasiatischen Raum führen. Dann könne Kambodscha fallen, Laos, Thailand, irgendwann auch Malaysia, Indonesien und Singapur – für die Strategen in Washington ein Alptraum.

Die ersten Militärberater, die auf Anordnung des Pentagon nach Südvietnam kamen, waren sicher auch Ratgeber, vor allem aber waren sie Ausbilder und, vielleicht ohne es zu wissen, die Vorhut und Quartiermacher einer riesigen Armee, die sich in der zweiten Hälfte der sechziger Jahre nach Indochina in Bewegung setzen sollte.

Franz Woerdemann, der Chefredakteur des WDR-Fernsehens, beschloß im Frühjahr 1963, über die Präsenz der Amerikaner in Südvietnam eine Dokumentation drehen zu lassen, und fragte mich, ob ich das übernehmen wolle. Ich war ein paar Monate zuvor aus Saigon zurückgekommen, unsere Reihe über Auswandererschicksale hatten wir abgeschlossen, gern habe ich zugesagt. Mein Reisegefährte war dieses Mal Joachim Maaß, ein vorzüglicher Kameramann, mit dem ich schon bei anderen Gelegenheiten gute Erfahrungen gemacht hatte.

Überrascht hat uns gleich nach der Ankunft die, sagen wir, unkonventionelle Pressebetreuung durch die amerikanische Militärmission. Da kümmerte sich nicht irgendein Uniformierter um die Wünsche der Journalisten, sondern ein smarter Zivilist. Er war Mitarbeiter einer Werbe- und PR-Agentur von der Madison Avenue, und seine Aufgabe war es, gut Wetter zu machen für die verschiedenen Vorhaben seines Klienten, des Pentagon. Uns hat er eine Reise aufs Land »verkauft«, zu einer Einheit der südvietnamesischen Armee, der eine Gruppe amerikanischer Berater beigegeben war. Ein paar Fotografen gingen mit auf die Reise.

Die Amerikaner wollten uns demonstrieren, wie listenreich die Vietcong zu Werke gehen und wie perfekt sie sich zu tarnen wissen. Sie führten uns durch einen Wald auf eine Lichtung, auf der ein paar Büsche standen, sonst nichts. Auf ein gellendes Kommando hoben sich auf einmal kanaldeckelgroße Grasplatten, und aus den Löchern stiegen schwarzgewandete Gestalten, die mit viel Geschrei und unter Abfeuern der Platzpatronen in ihren Maschinenpistolen auf den Waldrand zustürmten.

Es war eine Übung, ein kleines Manöver. In den weiten schwarzen Hosen steckten Soldaten der südvietnamesischen Armee, die an diesem Tag Vietcong zu spielen hatten. Das Ganze war eine Inszenierung für die Presse, die allerdings anschaulich machte, was für die Alliierten über Jahre ein fast unlösbares Problem war: Der Gegner in diesem Krieg blieb weitgehend unsichtbar. Tagsüber trug er die Maske des friedlichen Reisbauern, des LKW-Fahrers, der Dorflehrerin, des Ziegeleiarbeiters. Nachts tauchte er ab in die Wälder, in perfekt getarnte Höhlen und Unterstände, in denen die Waffen lagen.

Ein paar Wochen nach meiner Rückkehr aus Vietnam fand ich in einem der bunten deutschen Bilderblätter eine Reportage vom Überfall einer Vietcong-Einheit auf einen Posten der südvietnamesischen Armee. Es waren Fotos von unserem Manöver. So einfach ist Kriegsberichterstattung manchmal.

Der Wechsel zum ZDF

Anfang 1963 verlas Karl-Heinz Köpcke in der *Tagesschau* eine Meldung, die nicht nur für die Zuschauer von großem Interesse war, sondern auch für die Macher der *Tagesschau* und aller anderen Sendungen. Köpcke teilte mit, daß ab 1. April ein zweites Fernsehprogramm in Deutschland ausgestrahlt werde. Und so solle es denn auch heißen: »Zweites Deutsches Fernsehen« – kein sehr glücklich gewählter Name, wie selbst einige der Gründungsväter heute einräumen; aber als ihnen auffiel, daß ein Zweites ja immer die Existenz eines Ersten voraussetzt, war es längst zu spät.

Die ARD hatte Konkurrenz bekommen. Die Öffentlich-Rechtlichen waren zwar immer noch unter sich (und sollten es noch gut zwanzig Jahre bleiben), aber es gab jetzt eine Alternative. Die saß in einem morastigen Provisorium in Eschborn bei Frankfurt (»Telesibirsk« im Kantinenflachs) und sendete in den ersten Wochen nichts, was die Routiniers bei der ARD um den Schlaf gebracht hätte. Aber die meisten bei der ARD wußten oder ahnten, daß die Zeit der »captive audiences« jetzt vorbei war, die Zeit, in der die Zuschauer entweder schluckten, was das »Deutsche Fernsehen« ihnen vorsetzte, oder aufs Heimkino verzichten mußten.

Nach einigen Pannen und Fehlentscheidungen, unvermeidlich wohl für jeden Debütanten auf einer so komplizierten Bühne, wie es ein Fernsehstudio nun mal ist, und nach ein paar vergeblichen Anläufen kam der Rivale in Mainz allmählich in Fahrt. Daß seinem Programm, damals wie heute, etwas Betuliches anhaftet, mag ihm sogar geholfen haben – nicht jeder fühlt sich wohl im Ambiente der großen Stadt, und vorwiegend in der Großstadt entstand (und entsteht) das Programm der ARD.

Auf der Suche nach Marktlücken hatte das ZDF bald

Erfolg – mit Unterhaltungssendungen vor allem, aber auch mit anderen Programmfarben, die von der ARD nicht besetzt worden waren. Hans Mohls *Gesundheitsmagazin Praxis* ist ein Beispiel, und auch das *Aktuelle Sport-Studio,* ein Einfall des Zeitungsmannes Horst Peets, der von der Hamburger *Welt* nach Mainz gekommen war. So einen heiteren, lockeren Umgang mit Sport und Sportlern hatten die Zuschauer noch nicht gesehen. Die Moderatoren, vor allem Harry Valérien und Wim Thoelke, wurden schnell zu Stars.

Als ambitioniertes Vollprogramm baute das ZDF bald ein eigenes Korrespondentennetz auf: Rudolf Woller ging nach Bonn, Carl Weiß nach Hongkong, Michael Vermehren nach Südamerika, Klaus Harpprecht und Dieter Gütt zogen nach Washington. Beide waren vorher beim WDR, ich kannte sie gut.

Untereinander kannten sie sich auch und werden wohl nicht überrascht gewesen sein, daß sie miteinander bald unüberwindliche Schwierigkeiten bekamen. Der Konflikt löste sich im Sommer 1963: Dieter Gütt beschloß, sein Amerika-Gastspiel zu beenden und zum WDR nach Köln zurückzukehren. Für mich hatte das unerwartete Folgen. Eines Nachts rief Klaus Harpprecht bei mir an und fragte, ob ich nicht an Gütts Stelle nach Washington kommen wolle. Spontan sagte ich ja, auch weil ich wußte, daß am nächsten Morgen die Reue kommen würde über einen Entschluß, der mein Leben gründlich verändern mußte. Ich fühlte mich pudelwohl in Köln und hatte nie auch nur eine Sekunde darüber nachgedacht, zur Konkurrenz nach Mainz zu wechseln. Nun war ich also im Wort: Washington, Traumziel eines jeden Korrespondenten – nur damals nicht gerade meins.

Aber abgemacht ist abgemacht. In den nächsten Wochen gelang es mir, mich davon zu überzeugen, daß mir nach neun Jahren in Köln ein Wechsel guttun würde. Ich kündigte schweren Herzens, ließ meine Sachen zusammenpacken und versuchte meiner Franziska, die damals Marina hieß, die Sache zu erklären, so gut es ging. Silvester 1963 hatte mich mein Nachbar Kurt Edelhagen, der beim WDR eine erstklassige Big Band leitete, nach Düsseldorf zum Ball eingeladen – als Sprecher. So habe ich denn bis zur letzten Minute meiner Vertragszeit für den Funk gearbeitet, und nach Mitternacht noch zwei Stunden gratis.

Am Neujahrsmorgen setzte ich mich ins Auto und fuhr nach Bremerhaven. Beim Einschiffen entdeckte ich Gerd Ruge, der das ARD-Büro in Washington übernehmen sollte und, wie ich, beschlossen hatte, die Neue Welt langsam auf sich zukommen zu lassen. Er hatte seine Frau dabei, die beiden Kinder und einen Hund, der in einem Verschlag auf dem Oberdeck untergebracht war. Dort trafen wir uns gelegentlich – er, um dem Tier Bewegung zu verschaffen, ich, um frische Luft zu schnappen.

Bei diesen Spaziergängen fiel uns ein junger Mann auf, den wir schon aus dem Speisesaal kannten – unser Steward. Hier oben auf Deck betreute er Tiere, allerdings keine Hunde, sondern drei Kaninchen und ein paar Tauben. Beim Captains Dinner zwei Tage vor der Ankunft in New York merkten wir dann, was es mit den Kaninchen und den Vögeln auf sich hatte: Sie wurden aus dem Zylinder gezogen oder verschwanden hinter Seidentüchern. Unser Steward verstand sich nicht nur aufs Servieren von Speisen und Getränken, er war ein Zauberkünstler. Irgendwann in den Jahren danach müssen ihm das Schiff zu eng und die Kaninchen zu klein geworden sein. Jedenfalls hat er seine Karriere später in Las Vegas fortgesetzt – als Siegfried, die eine Hälfte des magischen Duos Siegfried und Roy.

Washington

Nach der Ankunft in New York gondelte ich über den Highway nach Washington. Dort ging ich in ein Hotel in Georgetown, einem der schönsten Viertel Washingtons mit seiner Südstaaten-Architektur – ganz in der Nähe der M-Street, dem Boulevard der Paare und Passanten. Bald traf ich Renate Lasker wieder, die inzwischen die Ehefrau meines Kollegen Klaus Harpprecht war.

Ihre Hilfsbereitschaft hatte mir schon bei der Londoner BBC den Start erleichtert, und jetzt war sie mir bei der Wohnungssuche in Georgetown behilflich. In der P-Street mietete ich ein Holzhaus mit drei Etagen, das nicht breiter als vier Meter war. Ich frühstückte in der ersten, rasierte mich in der zweiten und schlief in der dritten Etage.

Nicht viel anders war es mit unserem Office. Es lag in Georgetown in zwei provozierend schmalbrüstigen Häusern, zwischen denen ein drittes stand, so daß wir uns, mit eiligem Telex-Papier unter dem Arm, bei der Arbeit häufig auf der Straße begegneten. Wir – das waren nach dem Abschied Dieter Gütts die Korrespondenten Klaus Harpprecht, Karl-Günther Renz und ich. Wir pendelten zwischen Büro, dem gemieteten Schneideraum, in dem einst Peter von Zahn seine Fernsehbilder geklebt hatte, und dem CBS-Studio, das uns, vertraglich garantiert, mit den täglichen Film-News versorgte.

Obwohl es bis zur ersten bemannten Mondlandung durch die Amerikaner Neil Armstrong und Edwin Aldrin nur noch vier Jahre dauern sollte, waren die technischen Jugendjahre des Fernsehens 1965 keineswegs beendet. Noch immer gab es keine Elektronik, mit der wir unsere Sendungen direkt nach Deutschland hätten überspielen können; noch immer also mußten wir sie auf Filmrollen mit dem Flugzeug nach Deutschland verfrachten. So suchten wir aktuelle Themen, denen man die verspätete Ausstrahlung nicht anmerkte.

Arme Weiße

Der liebe Gott muß in einer rätselhaften Laune das Vorurteil in die Welt gesetzt haben, in den reichen USA seien nur die Schwarzen arm. Das sollte nicht so bleiben. Wir planten eine Dokumentation *Weiße Armut in Amerika*. Den ersten Teil drehte Harpprecht, den zweiten Renz, den dritten ich. Meine »weißen Armen« lernte ich in den Bayous von Louisiana kennen, nahe New Orleans. Sie waren die vom amerikanischen Traum nicht einmal gestreiften Nachkommen französischer Einwanderer, konnten kaum lesen oder schreiben und sprachen »patois«, einen Jargon aus viel Französisch und wenig Englisch.

Sie wohnten in Rattanhütten mit Blechwänden und konnten ihre Familien kaum ernähren. Sie sammelten das auf Bäumen wachsende Moos und verkauften es an Matratzenfabriken. Diese Dreharbeiten zeigten mir wieder einmal die Crux des Journalismus: Unser Erfolg, die Bilder der Armut, war ihr tägliches Unglück. Ich hätte verstehen können, wenn sie »Rassisten« gewesen wären und auf die noch ärmeren Schwarzen herabgeschaut hätten. Das taten sie nicht. Sie fühlten solidarisch.

Die Küche

In den Wochen bei den weißen Armen in Louisiana wohnten wir in einem Motel in Lafayette, nicht weit von New Orleans. Fremde scheinen nicht sehr oft in diese Gegend zu kommen. Es hatte sich bald herumgesprochen, daß ein europäisches Fernsehteam im Ort war.

Eines Tages kam ein freundlicher Mann zu uns ins Motel. Er sei der Vorsitzende des Chamber of Commerce, der örtlichen Industrie- und Handelskammer, und gestatte sich, uns am Wochenende zu einer Grillparty einzuladen. Schon um ihn nicht zu enttäuschen, gingen wir hin und drückten den Honoratioren die Hand: dem Apotheker und dem Rechtsanwalt, dem Pfarrer und dem Friedensrichter. Der örtliche Popstar bat um Ruhe und stimmte zwischen qualmenden Würstchen die Nationalhymne an. Dann wurden Artigkeiten ausgetauscht. »Darf ich Ihnen mein Haus zeigen?« erkundigte sich der Hausherr. Wir folgten ihm in die Küche. Alles prima, alles eingebaut, alles elektrisch. Und dann die Spüle. »Wenn ich an diesem Hahn drehe, kommt kaltes Wasser raus. Wenn ich an dem anderen drehe – heißes.« Toll!

Ich habe die Erklärung mit dem gewünschten Erstaunen quittiert. Für den Bürger mit seinen Wasserhähnen unweit der Bayous der Moospflücker waren wir die weißen Armen. Deutschland ist aus der Sicht

116

der Amerikaner eine kleine Veranstaltung. Aber auch die Amerikaner können zuweilen eine liebenswert kleine Veranstaltung sein.

New York

Unser Washingtoner Korrespondenten-Trio war für die Berichterstattung aus allen fünfzig Staaten der USA zuständig. Diese Aufgabe zehrte an den Nerven. Klaus Harpprecht suchte nach einem Job, der seinem Naturell mehr entsprach, und ging nach Deutschland zurück, um die Leitung des S. Fischer Verlags zu übernehmen. Obwohl er durch den von mir sehr geschätzten Hans-Herbert Westermann ersetzt wurde, blieb auch ich nur knapp zwei Jahre in Washington. Ich wollte nach New York. Immer, wenn dort etwas los war, hob ich in der M-Street den Finger und sagte: Me! Als sich meine New-York-Abstecher häuften, fragten die Mainzer Fernsehchefs: Warum schicken wir den Mann ständig hin und her, er soll doch gleich in New York bleiben. Für die Mainzer war die Entscheidung nicht mehr als ein Nadelverrücken auf ihrer Korrespondenten-Landkarte. Für mich bedeutete es viel.

So kam ich im Sommer 1965 nach New York und wurde dort der erste ZDF-Korrespondent. Ich zog in der 55. Straße/Ecke Avenue of the Americas in ein nahezu leeres Wohnbüro – und stand vor der reizvollen Aufgabe, die amerikanische Dependance des ZDF aufzubauen. Bisher hatte ich mich in meinem journalistischen Leben immer in bereits laufende, gut geölte Maschinen einpassen müssen; nun konnte ich in meinem kleinen New Yorker Laden erstmals selber bestimmen, wie und wo es in meinem Leben langzugehen hatte.

Als Mitarbeiterin gewann ich Pat Naggiar, eine mit einem Ägypter verheiratete ehemalige britische Schauspielerin, die auch für andere Korrespondenten wirbelte. Pat war eine so phänomenale Strippenzieherin, daß sie mir (fast) jeden Kontakt verschaffen konnte – für ihre deutsch-amerikanischen Bemühungen erhielt sie in den achtziger Jahren sogar das Bundesverdienstkreuz.

Auch im Privaten brachte mir New York Glück. Ich wohnte in der 55. Straße im selben Haus wie Paul Desmond, der Altist aus dem Dave Brubeck Quartett, der als einer der weltbesten Cool-Jazz-Interpreten galt. Wenn ich Desmond mit seinem Saxophon im Lift traf, kam ich mir anfangs wie ein Groupie vor. Ich brachte kein Wort heraus. Doch nach und nach entlockte ich ihm Tips über die Szene in Manhattan. Ich genoß meine neue Freiheit.

Jazz

Meine ersten Jazz-Kicks hatte ich bereits im Thüringer Internat mit Schellackplatten von Teddy Stauffer und anderen Volksverderbern, die uns die Schulkameraden aus Berlin mitbrachten, wenn sie aus den Ferien zurückkamen. Die Berliner Jungs erzählten mir dann auch, wie »dufte« Kurt Hohenberger oder Bernhard Etté oder Adalbert Lutter mal wieder im *Delphi* und anderen Tanzpalästen gejazzt hatten. Daß sie da mit ihren vierzehn Jahren nie hineingelassen worden wären, ahnte selbst ein ostwestfälisches Landei wie ich. Trotzdem habe ich die Angeber glühend beneidet – um ihre Illusionen.

Während meiner Berliner Lehrjahre saß ich oft nächtelang in der Nürnberger Straße, um in der *Eierschale* Johannes Rediske zuzuhören, einem für damalige deutsche Verhältnisse fabelhaften Jazz-Gitarristen. Der Sender Freies Berlin veranstaltete in dieser Zeit regelmäßig Sonntagskonzerte mit seiner Big Band, die Erwin Lehn dirigierte, bevor er zum Süddeutschen Rundfunk nach Stuttgart ging. Bully Buhlan und Rita Paul, die immer ein bißchen mehr als nur Schlagersänger waren, ließ er glücklicherweise an der Spree zurück. Und was sich in der amerikanischen Heimat des Jazz tat, das erfuhr ich, wie Millionen anderer Fans, durch den AFN, den amerikanischen Soldatensender. In den frühen fünfziger Jahren in London war eine

Zeitlang Jeff Owen mein Nachbar, ein Toningenieur der BBC, der bei den Konzerten der BBC Show Band unter Cyril Stapleton für saubere Akustik sorgte und mich gerne zu den Galas mitnahm. Ich selber durfte bei der BBC im Bush House an Samstagabenden für das deutsche Publikum die Jazz-Sendung *Gut aufgelegt* präsentieren und habe Jahre später tatsächlich noch einen begeisterten Hörer getroffen.

Zum internationalen Ensemble der WDR-Big-Band Kurt Edelhagens in Köln gehörten der Alt-Saxophonist Derek Humble, der Posaunist Otto Bredel und der Trompeter Dusko Goikovic, den ich nun in New York wiedersah, in einer Jazzkneipe in Greenwich Village. Da saßen gerade mal vierzig verwöhnte Leute herum und hörten eine Musik, die in Europa mühelos einen Konzertsaal gefüllt hätte. Aber in New York war großer Jazz keine Sensation, es gab ihn downtown jeden Abend in hundert Lokalen. Kein Wunder also, daß sich amerikanische Jazzer den großen Beifall gerne im kleinen Europa holen.

Als der schwarze Bebop-Papst Dizzy Gillespie, der den Jazz-Klassiker *A Night in Tunesia* komponiert hat, 1982 seinen 65. Geburtstag feierte, hielt ich mich zum zweiten Mal als ZDF-Korrespondent in den USA auf. Ich habe ihn besucht und für die *Bilder aus Amerika* porträtiert. Die Begegnung mit Gillespie war eine wunderbare Erfahrung, und sie wurde auch nicht dadurch getrübt, daß er unser Team unverschämt lange warten ließ. Später lud er uns in sein Haus nach New Jersey ein, wo ihm seine Frau den Keller überlassen hatte, in dem er tun und lassen konnte, was er wollte. In den oberen Etagen hatte er nicht viel zu melden. Im Keller aber stand ein komplettes Schlagzeug, ein Klavier, überall lagen Instrumente herum. Dizzy hielt sie für seine Freunde parat, die häufig vorbeischauten und im Keller proben konnten, so laut und lange sie wollten. Auch Gillespie lobte die deutsche Jazz-Diaspora: Dort seien die Musiker fest in Lohn und Brot und müßten nicht einmal für die Krankenkasse selber zahlen. Wenn Dizzy Gillespie Trompete spielt, bläst er seine Wangen ballonartig auf. Die Szene hat diese Übung lange für eine Marotte gehalten. In Wahrheit ist sie das Resultat einer Muskelschwäche, die inzwischen in medizinische Lehrbücher Eingang gefunden hat: als »Gillespies Pouch«, Gillespies Tasche.

Adele

Der Zufall hat in meinem Leben eine große Rolle gespielt, auch in New York. Eine meiner Bekannten war Christine Schönböck, die Tochter des Schauspielers Karl Schönböck. Durch puren Zufall hatte Christine in Manhattan eine neue Wohnung gefunden, durch puren Zufall erreichte sie mich am Telefon und bat mich, ihr mit meinem Auto beim Transport ihrer Habe zu helfen. Meine Speditionsfuhre war schnell erledigt, Christine wollte sich bedanken. »Komm doch noch auf ein Glas mit ins *P. J. Clark's.*« Sie sei dort mit zwei Freundinnen verabredet, und es könnte ganz lustig werden. Nichts gegen Lustigkeiten mit drei Ladys, aber ich wollte nicht und entschuldigte mich mit Terminnöten. Als das auf Christine keinen Eindruck machte, versuchte ich es mit der Befürchtung, ich würde sicher keinen Parkplatz finden. Doch just in diesem Augenblick sorgte der Zufall für eine Parklücke direkt vor dem Haus. Ich gab mich geschlagen. Das *P. J. Clark's* war ein Lokal in der Second Avenue, das sich auf seine Hamburger etwas zugute hielt und in dem man immer unkonventionelle Leute treffen konnte. Die beiden New Yorkerinnen, die ihre Freundin begrüßten, wurden mir als Susi Baxter und Adele Bruce vorgestellt. Miß Baxter war ganz ansehnlich, aber Miß Bruce gefiel mir besser. Wir kamen ins Gespräch, und ich erfuhr, daß Adele Redakteurin bei *Glamour* war, einem Schwesterblatt der amerikanischen *Vogue*. Für eine Amerikanerin sprach sie ein überraschend gutes Deutsch. Das hatte sie beim Après-Ski in Österreich gelernt. Denn ihrem Vater, einem erfolgreichen Erfinder, war irgendwann die Idee gekommen, einen Teil seines Vermögens unter seine drei Kinder aufzuteilen. Adele war damit nach St. Anton gereist und hatte es in einem guten Jahr unter die Leute gebracht.

Noch am Nachmittag desselben Tages unternahmen

Adele und ich eine Motorboottour rund um Manhattan. Als ich zu *P. J. Clark's* zurückkam, hatte die Polizei mein Auto abgeschleppt.

Heirat

Adele zog zu mir in den 22. Stock der 55. Straße und machte mich mit ihren Eltern in Connecticut bekannt. Der Vater war liebenswürdig und von großer Gelassenheit, die Mutter hatte mit dem Deutschen offenkundig Schwierigkeiten. Sie stammte aus einer alten Ostküstenfamilie, die bald nach der Ankunft der *Mayflower* ins Land gekommen war. Sie gehörte zu den »Daughters of the American Revolution«, den Töchtern der Revolution, einer patriotischen Vereinigung der Frauen des Ostküstenadels. Ihr Vater war General gewesen. Und nun kreuzte an der Seite ihrer Adele ein Kerl auf, der weder Diplomat noch Offizier noch Amerikaner war. Nur zögernd gewöhnte sie sich an den Auslandskorrespondenten.

Eines Tages fingerte ich Fahnenabzüge einer Druckerei in Connecticut aus der Post: »Mrs. Bruce und Mr. Bruce geben sich die Ehre mitzuteilen, daß ihre Tochter Adele ...« Ein handschriftlicher Vermerk der Mutter bat uns, den Text nach Belieben zu korrigieren. Darin drückte sich wohl die Hoffnung aus, wir würden die Post gleich in den Papierkorb werfen. Adele war dieser Überfall ausgesprochen unangenehm. Aber dann sagten wir uns »Why not?«, korrigierten keine Silbe und marschierten zum Standesamt. Die Hochzeit feierten wir am 23. Dezember 1966, am Heiligen Abend starteten wir zum Honeymoon nach Montego Bay auf Jamaika.

Alte Herren

Vor den Sommerspielen in Mexiko City bekam ich 1968 den Auftrag, den einundachtzigjährigen Avery Brundage zu interviewen, den Vorsitzenden des Internationalen Olympischen Komitees. Mr. Brundage besaß in Chicago ein Hotel, dort wollte er mir Audienz gewähren. In New York streikten gerade wieder mal die Fluggesellschaften – bis auf eine, bei der ich den letzten freien Platz buchen konnte. Man kennt die Bilder: In der Abflughalle wimmelte es von Menschen, und ich stellte mich, das Ticket in der Tasche, in die Schlange vor dem einzigen offenen Abfertigungsschalter. Vor mir stand ein älterer Herr mit einem breitkrempigen Hut, der sich, als er endlich zum Schalter vorgedrungen war, nicht verständlich machen konnte.

Mehrere Male sagte er: »Deutsch oder Russisch.«

Englisch verstand er nicht. Ich bot meine Dolmetscherdienste an. Dieser alte Mann war der Lehrer Zielcke.
Er lebte in Rostow am Don und war mit Aeroflot von
Moskau gekommen, um seine in Chicago lebende
Schwester zu besuchen. Doch nun stand er hilflos auf
dem Flughafen in New York. Der Lehrer Zielcke, der
seine Schwester seit Kriegsende nicht mehr gesehen
und sich nun jahrelang um ein Visum bemüht hatte,
war dem Zusammenbruch nahe. Sollte ich ihm erklären, was ein Streik bedeutet?

Mein Flug wurde aufgerufen, ich mußte mich verabschieden. Doch kaum hatte ich mich angegurtet,
erkundigte sich eine Stewardeß über Lautsprecher, ob
jemand bereit sei, zugunsten eines dringenden Krankentransports seinen Platz zu räumen. Ich bot der
Stewardeß einen Deal an: »Ich verlasse die Maschine,
wenn Sie mir garantieren, daß auf der nächsten nicht
nur ich, sondern auch Herr Zielcke mitfliegen kann.«
Abgemacht. Als ich in der Halle auf den Lehrer zusteuerte, verstand er die Welt zum zweiten Mal nicht mehr.

Und auch der Abendflug bescherte ihm Überraschungen. Als ich nach etwa einer halben Stunde nach
meinem Mitreisenden schaute, hatte ihn eine Gruppe
freundlicher amerikanischer Geschäftsleute schon mit
Beschlag belegt. »Listen, this guy comes from Russia«,
tönte es durch die Kabine. Aus einem hilflosen Lehrer
war ein bestaunter Exot geworden. Einem leibhaftigen
Russen waren diese Amerikaner nie zuvor begegnet,
das mußte Drink after Drink gefeiert werden.

Schließlich landeten wir in Chicago. Von weitem sah ich, wie der Lehrer Zielcke ein Dutzend weinender Menschen an sein Herz drückte. Ich ging weiter, aber auf der Treppe holte mich die ganze Familie ein. »Da ist er!« rief Lehrer Zielcke, und die ganze Familie umarmte mich. Und dann fiel der Satz, mit dem ich den ganzen Abend schon gerechnet hatte: »Wenn Sie mal in Rostow sind, müssen Sie mich besuchen.«

»Good night, David«

Als ich 1969 New York verließ, hatte ich in Amerika nicht nur Fernsehen für Deutsche gemacht, ich hatte auch Fernsehen für Amerikaner gesehen. Bei dieser Lehnstuhltätigkeit habe ich viel gelernt. Bei der Londoner BBC hat mir Charles Wheeler das Einmaleins eines seriös-unterhaltenden Journalismus beigebracht, in New York hieß mein Lehrer David Brinkley. Mit Wheeler habe ich viel diskutiert, mit Brinkley nur wenige Worte gewechselt. Brinkley wäre wohl erstaunt gewesen, wenn ich ihn um Ratschläge gebeten hätte. Amerikaner trauen Deutschen, Franzosen oder Italienern professionelles Fernsehen einfach nicht zu. Arroganz? – Eher wohl freundliches Desinteresse. »In colour?« fragen Amerikaner uns gerne. »Sendet ihr schon in Farbe?«

Ein direkter Kontakt zu Brinkley war auch gar nicht nötig. Ich mußte nur die *Huntley-Brinkley-Show* einschalten. Show – das ist im Verständnis der Amerikaner alles, was zur öffentlichen Besichtigung freigegeben ist. Jedes bewegte Bild auf dem Fernsehschirm ist eine Show. Alles – das Wetter, der Gottesdienst, die Kinderstunde, alles »Show«. Mit Unterhaltung, wie bei uns, hat das Wort zunächst einmal nichts zu tun.

Bei der *Huntley-Brinkley-Show* saß Brinkley in Washington und war für die News über die amerikanische Innenpolitik zuständig, Huntley kommentierte von New York aus, was sonst noch in der Welt geschah. Auf künstliche Überleitungen waren sie nicht angewiesen. Was abgehakt war, war abgehakt. Vor allem Brinkley glänzte mit einer ebenso schlichten wie eleganten Sprache.

Er konnte leicht formulieren, ohne der Substanz zu schaden – und er wurde dafür hoch bezahlt. Seine Prominenz verführte ihn aber nie zu Überheblichkeit. Er verstand sich als Türöffner, als Wegweiser, als Diener des Publikums. Der TV-Moderator hat immer nur eine Chance, immer nur einen Schuß auf die Torwand. Brinkley traf jedesmal. Unterhaltung war für ihn Hinlenkung auf ein Problem, nicht Ablenkung. Das Finale dieser Show »Good night, Chet« – »Good night, David. See you tomorrow« wurde in den USA zum geflügelten Wort.

Ankermann

Die Brinkleys, die Huntleys, die Cronkites haben Spuren hinterlassen. Ihre Art zu arbeiten vergißt so leicht keiner, dem dasselbe Medium offensteht, wenn auch in einem anderen Teil der Welt. Was wir in Deutschland machen, so dachte ich mir auf der Rückreise nach Europa, muß ja nicht der Weisheit letzter Schluß sein. Warum ist es bei uns immer ein Sprecher, der die Tagesnachrichten verkündet – ein Mann (damals waren es nur Männer), der makellos vom Blatt liest, was die Redakteure ihm aufgeschrieben haben. Journalisten müßten das doch auch können. Wenn man ihnen ein Programmformat zur Verfügung stellt, das sie nicht in das Korsett einer knappen Viertelstunde zwängt, sondern ihnen Zeit läßt, wenigstens zwanzig oder fünfundzwanzig Minuten, dann könnten sie es im Idealfall sogar wirkungsvoller als jeder Sprecher. Mit dem Redakteur im Studio, dem »Anchorman«, würde allerdings ein neuer Ton in die Nachrichtensendung kommen; ein Journalist wird nicht darauf verzichten, seine Texte selbst zu schreiben und für seine Präsentation einen eigenen Stil zu finden.

In den USA ist das eine Selbstverständlichkeit. Die »Anchormen«, die Nachrichtenmoderatoren der amerikanischen Networks – seit den achtziger Jahren heißen sie Peter Jennings (ABC), Dan Rather (CBS), Tom Brokaw (NBC) –, waren alle zunächst Berichterstatter

Wie sich die Zeiten ändern (und die Preise steigen): Wenige Wochen nach ihrem Sieg bei den Olympischen Winterspielen 1960 in Squaw Valley kam Carol Heiss, vierfache Weltmeisterin im Eiskunstlauf, nach Düsseldorf – für einen Freiflug und ein paar hundert Mark Spesen.

Er war einer der unterhaltsamsten der tausend Prominenten, die im Laufe von gut dreißig Jahren im *Aktuellen Sportstudio* zu Gast waren: Muhamad Ali, lange Zeit Meister aller Klassen.

Er rollte in einem Wohnmobil ins *Aktuelle Sportstudio* und war nur mit Mühe zu bewegen, wenigstens für ein paar Minuten herauszukommen: der Brite James Hunt, 1976 Weltmeister in der Formel 1.

Auf der Anlage des Rochusclubs in Düsseldorf mit Björn Borg, dem Kapitän des schwedischen Teams, beim Nations Cup, der neben dem Davis Cup zweiten Mannschaftsmeisterschaft im Tennis.

Für die ZDF-Reihe
Bilder aus Amerika
besuchten wir 1983
Martina Navratilova,
die damals in
Virginia Beach
an der Atlantik-
küste lebte.
Sie hat für uns
gekocht – Paesto-
Spaghetti nach
eigenem Rezept.

Recipé

1 cup water or olive oil
3 tablespoons dry basil } mix at high
3-4 cloves of garlic —   speeds

Let stand for 15 minutes
then add   1 teaspoon salt
           1/4 teaspoon pepper
           4 tablespoons walnuts or pine nuts
mix again

1 cup – 1 1/2 cups fresh parsley
   mix

1 cup parmesan cheese
   mix

Maria Callas 1962
als Gast in der WDR-
Sendung *30 Minuten
Aufenthalt,* einer wö-
chentlichen Live-Über-
tragung vom Düssel-
dorfer Flughafen.

1976 im Haus von Hil-
degard Knef in der
Nähe von St. Moritz.
Der sensationelle Er-
folg ihrer Memoiren
Der geschenkte Gaul
lag schon einige Jahre
zurück, beschäftigte
sie aber immer noch
so sehr, daß sie damals
überlegte, nur noch
als Schriftstellerin zu
arbeiten.

1958 mit Heinz Rühmann, der zur Premiere seines Films *Der Eiserne Gustav* nach Köln gekommen war.

Bei einem Gespräch
mit der Schauspiele-
rin Agnes Windeck,
wenige Monate vor
ihrem Tod.

Vielen anderen Grö-
ßen im Showgeschäft
hat Hans Rosenthal
vorgemacht, daß
auch ohne Allüren,
nur mit Schlagfertig-
keit und Augenmaß,
eine erfolgreiche
Karriere auf dem
steinigen Acker der
Fernseh-Unterhal-
tung möglich ist.

Botendienste für das ZDF: In New York hatte ich Harry Belafonte einen Preis zu überreichen, mit dem er auf seiner gerade abgeschlossenen Deutschland-Tournee ausgezeichnet worden war.

1983 nach der UNICEF-Gala im Leipziger Gewandhaus mit (von rechts) Peter Ustinov, Kurt Masur und Nicole Heesters.

Finale eines festlichen Abends im Berliner Congreß-Centrum zugunsten der Fernsehlotterie *Glücksspirale.*

und Kommentatoren, am Anfang meist bei irgendeiner Lokalstation. Danach haben sie sich hochgearbeitet in der Pyramide, auf deren Spitze – immer wackelig – der Moderatorensessel einer im ganzen Land ausgestrahlten News Show steht. Rather und Brokaw hatten aus dem Weißen Haus in Washington berichtet, der Kanadier Jennings aus London mit der Zuständigkeit für ganz Europa und den Nahen Osten. In diesen Jahren der Arbeit an Orten, in denen nahezu täglich wichtige News entstehen, sind sie den Zuschauern zu einem Begriff geworden – fast jeder kennt sie, die meisten schätzen sie. Und so haben die Sender keine Schwierigkeiten, sie dem Publikum auf dem Höhepunkt ihrer Karrieren als »Anchormen« vorzustellen, als Moderatoren der Abendnachrichten. Ihre Namen sind Programm, die Leute wissen, was sie von ihnen zu erwarten haben: faire, knappe Berichterstattung – nur eben nicht mehr vor Ort, sondern in der relativen Einsamkeit eines Studios. Dafür aber täglich.

Im amerikanischen News-Geschäft hat der Sprecher, der Vorleser, keinen Platz. Das liegt vor allem an der Unbefangenheit, mit der unsere Kollegen drüben mit Nachrichten umgehen. Sie haben nie, wie so viele Fernsehjournalisten hierzulande, im Verdacht gestanden, linksliberale Radikalinskis zu sein, denen durchaus zuzutrauen sei, daß sie ihre Moderatorenrolle benutzen könnten, um persönliche Anliegen zu verbreiten, irgendeiner politischen Organisation oder Figur nach dem Munde zu reden, für oder gegen eine

Sache Stimmung zu machen. Solche Ängste kennen in den USA weder die TV-Journalisten noch das Establishment noch, im großen und ganzen, die Zuschauer. Auch in Deutschland schwindet diese Besorgnis allmählich, aber in den Köpfen der Gesinnungskontrolleure in den Machtzentren wird sie sich noch eine Weile halten.

Rundfunkräte oder andere Kontrollgremien gibt es in den USA nicht, das System funktioniert trotzdem. Im Nachrichtenbereich ist diese Unabhängigkeit von den Opportunitäten des öffentlichen Lebens der wichtigste Teil der angelsächsischen journalistischen Tradition, jeder Volontär wächst damit auf. Weil die Macht der Politik, der Wirtschaft und all der anderen Säulen des öffentlichen Lebens in Amerika am Eingang zu den Funkhäusern ihre Grenze findet, besteht für die Journalisten kein Anlaß, auf individuelle oder institutionelle Forderungen Rücksicht zu nehmen. Die Redaktionen sind nicht erpreßbar, sie reagieren allergisch auf jeden Versuch der Nötigung, selbst die sanfte Einrede bewirkt oft das Gegenteil dessen, was erreicht werden soll. So erklärt sich die wunderbare Unbefangenheit, mit der sich die Vertreter der vierten Gewalt und die Repräsentanten der ersten, zweiten und dritten auf dem Bildschirm begegnen. Da sitzen sich selbstbewußte Menschen gegenüber, die wissen, was sie wert sind, und vertreten ihre Interessen – die Interviewer durch die Suche nach Klärung und Neuigkeit, die Interviewten durch das Bemühen, sich und ihre Sache der

Öffentlichkeit darzustellen. Es gibt bei solchen Gesprächen kein Gefälle. Man begegnet weder der widerwilligen Majestät, die unter der Ahnungslosigkeit des Fragenden sichtbar leidet, noch dem ewig nickenden Mikrofonhalter, der voll Bewunderung zu seinem Gegenüber aufblickt.

Besserwisser und beleidigte Leberwürste, die sich stets und ständig von den Medien mißhandelt fühlen, sind selten im amerikanischen Fernsehen. Man kennt sich, man respektiert sich und hat begriffen, daß, bei allen Unterschieden, der eine den anderen braucht.

Ich wundere mich manchmal über den Hochmut, mit dem Menschen aus dem öffentlichen Leben in Deutschland mit Reportern umspringen – als ob ein Penner nach ihnen grapschte, als ob der Mann oder die Frau mit dem Mikrofon für sich persönlich irgendeine Auskunft erheischen wolle. Daß hinter den Reportern mindestens ein paar tausend und oft genug ein paar Millionen Menschen stehen, die informiert werden wollen, das zu begreifen sollte keine Mühe machen. Aber vielen Prominenten, nicht nur in der Politik, fällt diese Erkenntnis offensichtlich schwer. Der Interviewer fragt schließlich sozusagen stellvertretend. Es könnte ja sein, daß er nur seine Journalistenpflicht tut und persönlich an den erbetenen Auskünften gar kein Interesse hat. Ich kann mich an Gespräche erinnern, die ich geführt habe, weil mein Job das verlangte. Nicht im Traum hätte ich daran gedacht, in meiner freien Zeit mit diesen Leuten auch nur eine Minute zu verbringen. So wie ich mich über die Indolenz mancher der Befragten wundere, staune ich allerdings auch über die, sagen wir, Duldsamkeit manches Kollegen, der sich in aller Öffentlichkeit abbürsten läßt wie ein dummer Junge.

Themen des Tages

Was mir in den USA an der Vermittlung von Nachrichten, besonders an ihrer Präsentation, so angenehm aufgefallen war, das hatte inzwischen auch in der ZDF-Zentrale Eindruck gemacht. Rudolf Radke, damals Chef der Hauptredaktion Aktuelles, trug sich schon lange mit dem Gedanken, Journalisten nicht nur als Korrespondenten und Redakteure einzusetzen, sondern auch als Moderatoren. Die gab es in vielen anderen Programmen, nur nicht in Nachrichtensendungen. Genau da aber, glaubte Radke, seien sie nötig, wenn man vom Verkündigungsstil der herkömmlichen Formate abkommen wolle. *heute* und die *Tagesschau* (die *Tagesthemen* und das *heute-journal* gab es noch nicht) waren sich bei allen Unterschieden in einem Punkt zum Verwechseln ähnlich: Ein Sprecher verlas, was die Redakteure zu Papier gebracht hatten. Für Studio- und Schaltgespräche, für improvisierte Einschübe unter dem Druck der Aktualität war kein Platz, vom Sprecher konnte man das dazu nötige journalistische Handwerk nicht erwarten.

Radke entwarf also ein Programm, das auf zwei Säulen stand: ein verkürzter Nachrichtenblock und eine Art Tagesmagazin – das eine getragen von einem Sprecher, das andere präsentiert von einem Journalisten. Der naheliegende Gedanke, beide Elemente miteinander zu verschmelzen und nur von einer Person moderieren zu lassen, war auch Radke gekommen. Aber das ließen die Verhältnisse seinerzeit nicht zu – zu groß war die Angst der Räte und der anderen Schlaumeier in der rundfunkpolitischen Szene vor dem Gedanken, leibhaftigen Journalisten vor der Kamera den Umgang mit Nachrichten zu überlassen. Eine Nachrichtensendung hatte objektiv zu sein (was nicht geht – fair muß sie sein, aber objektiv kann sie nicht sein) und ausgewogen (was auch nicht geht, weil tödliche Langeweile eintritt, wenn jede Verkündung durch eine Gegenstimme austariert wird).

Der öffentlich-rechtliche Rundfunk in Deutschland ist praktisch mit dem Tag seiner Gründung in die Gefangenschaft der politischen Parteien geraten. Die Strenge der Kerkerordnung unterscheidet sich glücklicherweise in den einzelnen Länderanstalten – vom uneingeschränkten Freigang für die Insassen (in Köln zum Beispiel) bis zur Sicherheitsverwahrung (in München und Leipzig). Die Besorgnis vieler Parteipolitiker um die Versorgung der Zuschauer mit »objektiven« Informationen führt sich selbst ad absurdum: Anstößig ist immer nur das, was die eigenen Leute schmerzt. Trifft es die anderen, haben wir es meist mit hervorragender journalistischer Arbeit zu tun. Dieser Mißbrauch eines Systems, das in England und in Amerika dem Zugriff der Parteipolitik rigoros entzogen ist, wird erst möglich durch die Willfährigkeit einer zwar nicht sehr großen, aber einflußreichen Gruppe von Programmitarbeitern, die sich zum Werkzeug dieser Art intellektueller Korruption machen läßt – aus Schwäche oder Überzeugung.

Vor diesem Hintergrund ist es dem damaligen Chefredakteur Rudolf Woller immerhin gelungen, wenigstens gut die Hälfte einer Nachrichtensendung vier Journalisten anzuvertrauen, die jeweils eine Woche zu moderieren hatten und in der verbleibenden Zeit frei waren für andere Aufgaben. Wir vier kannten und mochten einander – mit Karl-Günther Renz hatte ich in den USA ein paar Korrespondentenjahre verbracht (er ist leider schon früh einem Krebsleiden erlegen), Karl Heinz Schwab kam aus unserem Bonner Studio, und mit von der Partie war auch der Chef, Rudolf Radke. *Themen des Tages* hieß diese Verlängerung von *heute*. Sie war die erste Form der inzwischen etablierten Formate *Tagesthemen* und *heute-journal*.

Wenn es denn der Sinn der *Themen des Tages* war, zu den verhältnismäßig kurzen, dürren Nachrichtensendungen Hintergrund zu liefern, Verständnishilfen in einer ständig komplexer werdenden Welt, dann war das Jahr 1969 keine schlechte Wahl für den Start. Die

Große Koalition hatte ihre Gemeinsamkeiten erschöpft, Willy Brandt war zum ersten sozialdemokratischen Bundeskanzler gewählt worden, die Nachwehen der 68er Bewegung hielten die Republik in Atem und lenkten die Aufmerksamkeit der Menschen und der Medien verstärkt auf die Kämpfe in Vietnam. Im Jahr zuvor war die Tet-Offensive des Vietcong gescheitert, mit großen Verlusten für beide Seiten, der Krieg eskalierte mit rasender Geschwindigkeit.

Auch im Nahen Osten konnte keiner sicher sein, daß es in der Auseinandersetzung zwischen Israel und den arabischen Nachbarn nicht bald wieder zu einem bewaffneten Konflikt kommen würde. Der ZDF-Korrespondent in Tel Aviv war zum Auskurieren einer Krankheit für ein paar Wochen nach Deutschland zurückgekehrt. Ich kannte Israel überhaupt nicht. Was ich vom Land wußte, hatte ich vor allem in meiner New Yorker Zeit erfahren, aus Zeitungen, Büchern und aus Erzählungen von Menschen, die Israel bereits erlebt hatten. Dazu gehörte auch mein Kollege Karl-Günther Renz. Er war 1961 Berichterstatter beim Prozeß gegen Adolf Eichmann. Renz ermunterte mich, für ein paar Wochen den Posten unseres kranken Korrespondenten zu übernehmen.

Ich tat es, aber mir war zunächst nicht ganz wohl dabei. Zu oft war ich in New York eisiger Ablehnung begegnet, wenn ich über ein im weitesten Sinne »jüdisches« Thema einen Bericht zu fertigen hatte und bei den Vorgesprächen mitteilte, daß der Beitrag für das

Fernsehen in Deutschland bestimmt und ich Deutscher sei. Es waren stets elegante Bewegungen, mit denen mir die kalte Schulter gezeigt wurde, aber die Botschaft blieb unübersehbar: Wir kennen dich nicht, wir trauen dir nicht, wir wollen mit dir sowenig wie möglich zu tun haben. Am liebsten gar nichts.

Ich erinnere mich an ein Telefongespräch mit dem amerikanischen Atomforscher Robert Oppenheimer, den ich im Auftrag unserer Kulturredaktion um ein Interview bat. Der Anlaß war die Kontroverse um Heinar Kipphardts Stück *In der Sache J. Robert Oppenheimer.* Ich hatte in passablem Englisch meinen Namen genannt (in amerikanischen Ohren klang er »Fredricks«, also nicht sehr exotisch), mein Anliegen vorgetragen und eine Zusage erhalten: Aufnahme am nächsten Montag, 11 Uhr, in Princeton. Wir waren schon bei der Verabschiedung, als Oppenheimer rekapitulierend fragte: »What's the name of that station again? – Wie heißt noch mal der Sender, für den Sie arbeiten?« Deutsches Fernsehen, ZDF. »Forget the whole thing«, sagte der große Mann und knallte den Hörer auf.

Seltsamerweise war die eisige Distanz, die mein Team und ich immer wieder zu spüren bekamen, fast ausschließlich eine Eigenart in Amerika aufgewachsener Juden. Bei Menschen, die den Holocaust erlebt hatten und ihm entkommen waren, haben wir eine solche Form der Ablehnung nur selten erlebt. Da fragte man zwar auch: »Wie alt seid ihr eigentlich?«, um im Kopf schnell nachzurechnen, ob einer von uns Soldat oder

SS-Mann gewesen sein könnte. Aber wenn sich dann herausstellte, daß die anderen im Team bei Kriegsende Kinder waren und ich gerade mal achtzehn, hatten wir keine Probleme mehr. Bei Joachim Prinz, dem letzten Rabbiner von Berlin und späteren Präsidenten des »American Jewish Congress«, wurden wir nach Aufnahmen jedesmal zu Kaffee und Kuchen eingeladen, und bei einigen anderen Überlebenden auch.

Solche Hoffnungen hatte ich nicht, als ich im Herbst 1970 nach Tel Aviv flog. Wenn schon amerikanische Juden mit Deutschen am liebsten nichts zu tun haben wollten, so dachte ich mir, wie schroff wird dann erst die Ablehnung durch Israelis sein? Ich sollte mich gründlich irren. Vielleicht hatte ich mehr Glück als andere, aber mir ist in sechs Wochen nicht ein einziger Israeli begegnet, der auf diese oder jene Weise signalisiert hätte, daß er mit einem aus Deutschland aus Prinzip nichts zu tun haben wolle. Solche Leute gibt es natürlich, und es ist ihr gutes Recht, demonstrativ jeden Kontakt mit Deutschen abzulehnen. Mir ist – Glück gehabt – die demütigende Erfahrung einer pauschalen Zurückweisung erspart geblieben. Gelegenheiten gab es genug.

Ich war in eine ungewöhnlich ruhige Phase der israelischen Politik geraten. Soweit ich mich erinnere, fiel in den sechs Wochen im ganzen Land kein einziger Schuß. Ich konnte beschauliche Features drehen – über wehrpflichtige Frauen, über das Leben in einem Kibbuz, über amerikanische Juden, die israelische

Bürger geworden waren. Nie und nirgends eine kalte Schulter oder ein böses Wort. Ich habe mir das damit erklärt, daß sich Israelis, pragmatisch wie die meisten sind, bei der Begegnung mit einem Deutschen sagen: Wenn er im Land ist, kann er kein Nazi sein, sonst hätten ihn die Behörden nicht reingelassen. Und er interessiert sich offensichtlich für Israel, sonst wäre er nicht hier, das reicht.

In Tel Aviv hatte ich eines Tages Ärger mit meiner Uhr. Ich ging zu einem Uhrmacher und erklärte ihm mein Malheur – in einer Sprache, die ich für fast akzentfreies Englisch hielt. Er antwortete mir auf englisch. Nur als er dann den Reparaturzettel ausfüllte und von einer Visitenkarte meinen Namen abschrieb, blickte er kurz auf und sagte: »Wenn Sie Deutscher sind, warum sprechen Sie eigentlich die ganze Zeit englisch mit mir?«

Außenseiter

Die Stars der ersten ZDF-Jahre trugen weder Glitzerjäckchen noch Lackschuhe, sie konnten nicht singen, nicht steppen, noch nicht mal Witze erzählen. Sie hatten keine langbeinigen Assistentinnen für gelegentliche Handreichungen, keine Traumreisen zu vergeben, kein Ballett, kein Orchester, keine Show-Treppe, keine

Kulisse – nichts von allem, was damals nach landläufiger Meinung zum Samstagabend im Fernsehen dazugehörte. Aber sie hatten jede Menge Zuschauer. Es waren die Moderatoren des *Aktuellen Sport-Studios,* jener kuriosen, völlig neuen Form der Aufbereitung sportlicher Themen, die aus dem Stand ein großer Publikumserfolg wurde.

Anfang der siebziger Jahre beschlossen zwei der Moderatoren, sich zu verändern. Wim Thoelke stellte eine eigene Unterhaltungssendung auf die Beine, den legendären *Großen Preis,* und Rainer Günzler geriet durch eine angenehme, private Beziehung in die Lage, sich ganz seiner Begeisterung für den Motorsport hingeben zu können, als Autor, Tester und Berater. Zurück blieben die drei anderen Veteranen: Werner Schneider, Dieter Kürten und, der größte von allen, Harry Valérien. Für sie wurde es nach dem Ausscheiden von Thoelke und Günzler schwierig, weil ja jeder der drei »seine« Sportarten bedienen wollte und deshalb nicht in allzu kurzen Abständen im *Aktuellen Sport-Studio* erscheinen mochte. Die Redaktionsleitung kam auf die Idee, es in dieser Notlage mal mit Gastmoderatoren zu versuchen, mit krassen Außenseitern, die in der Zunft der Sportreporter völlig unbekannt waren.

Ihre Wahl fiel auf Walter Schmieding, den eloquenten, liebenswürdigen Kulturjournalisten. Das machte schon deshalb Sinn, weil Schmieding als Kind des Ruhrgebiets alles über Fußball wußte, was man im Revier davon wissen muß – und das ist eine ganze Menge. Außerdem war er in seiner Jugend ein hervorragender Schwimmer. Ich wurde der andere Gastmoderator.

Wie ich zu diesem Vorzug gekommen bin, weiß ich bis heute nicht. Meine Vergangenheit als Leistungssportler kann es nicht gewesen sein, es gibt sie nicht. Wahrscheinlich hatten die Kollegen vom Sport erfahren, daß ich auf Konferenzen und anderen Zusammenkünften im Haus immer mal ungefragt für die Interessen der Sportredaktion eingetreten war. Außerdem interessierte ich mich für Sport, ich war einer der wenigen politischen Redakteure, die regelmäßig den Sportteil der überregionalen Zeitungen lasen. Ich habe Schmieding nie gefragt, aber ich vermute, ihn hat die freundliche Offerte aus demselben Grund gereizt wie mich: Sie war eine Herausforderung, die Chance, uns zu beweisen, daß wir diese komplizierte Sendung, mit ein bißchen Glück, über die Runden bringen können. Fünfundsiebzig Minuten live, ohne Probe, ohne Manuskript und über eine Sache, von der wir nicht allzuviel Ahnung hatten – Sport. Die Einzelheiten meines ersten Auftritts habe ich fast völlig verdrängt. Ich weiß nur noch, daß ich nach dem Vorspann den albernen Satz sagte: »Was neu ist im Aktuellen Sport-Studio heute abend, das steht vor Ihnen – (Pause) auf dieser Litfaßsäule.« Darauf stand unser Programm. Mein erster Gast war der Fußballtrainer Gyula Lorant, ein Ungar, der längst nicht mehr lebt.

Was mir an Beredsamkeit an jenem Abend fehlte,

hatte Schmieding fast immer zuviel. Zum Thema der
Fußballklubs von der Ruhr konnte er seinen Mittei-
lungsdrang kaum zügeln. Zum VfL Bochum fielen ihm
so viele Geschichten ein, daß der Film vom Spiel der
Bochumer Minuten später begann als im Ablauf vorge-
sehen. Bei anderen Themen, die seinem westfälischen
Herzen nahestanden, ging es ihm ähnlich – sein Anek-
dotenschatz war unerschöpflich, seine Eloquenz über-
wältigend, mit der unangenehmen Folge, daß das
Sport-Studio immer mehr überzog und die nachfolgenden Sendungen in die Nacht verschob. Das war ihm
peinlich, und so teilte er uns eines Tages mit, er sei
dankbar für die Erfahrung als Sportmoderator, aber er
wolle doch lieber in einer Arena auftreten, in der er die
Spielregeln selbst bestimmen könne.

Olympia 1972

München muß sich nicht erklären, in Deutschland
schon gar nicht. Der Name der bayerischen Landes-
hauptstadt steht für vieles. Das meiste davon gefällt
den Leuten, Einheimischen und Menschen in Übersee
vielleicht ein bißchen mehr als Preußen und anderen
Deutschen, die jenseits der Grenzen des Freistaates ihr
Tagwerk verrichten müssen. Bis zum Beginn der sieb-

ziger Jahre war das Millionendorf an der Isar vor allem Inbegriff einer angenehmen Lebensart im Ambiente der Voralpenlandschaft. Dann aber bekam München eine Rolle zugewiesen, die es bislang nie gehabt hatte (und wohl auch nicht wollte) – Symbol des einen der beiden Staaten zu sein, die nach dem Zweiten Weltkrieg auf deutschem Boden entstanden waren. Das IOC hatte die Olympischen Sommerspiele 1972 nach Deutschland vergeben, an München.

Für die Deutschen in der Bundesrepublik bedeutete das die Chance, der ganzen Welt, die ja über das Fernsehen zugeschaltet sein würde, mehrere Wochen jeden Tag zu demonstrieren, wie gründlich sich Staat und Gesellschaft geändert hatten seit den ersten Olympischen Spielen auf deutschem Territorium, seit 1936 in Berlin. Friedlich war das Land geworden, kleiner zwar, aber demokratisch, weltoffen, undogmatisch, in Maßen heiter und wohlhabend über alle Erwartungen hinaus. Fast schon eine Musterrepublik, still oder offen bewundert und beneidet auch von Staaten, die Jahrzehnte nach dem Krieg noch immer unter den Verwüstungen durch Hitlers Machtmaschine zu leiden hatten. München also sollte die Bühne sein, auf der sich der Welt ein neues, besseres Deutschland zeigen würde, mit einer Eindringlichkeit, wie sie nur das junge Medium Fernsehen vermitteln konnte.

Wie es geplant war, hat es auch begonnen – ich war dabei. Die Eröffnungszeremonie in der kühnen Architektur des Olympiastadions wird so leicht keiner vergessen, der sie gesehen hat: soviel spontane Fröhlichkeit, soviel Zivilität bei der Steuerung der Massen im Stadion und auf dem Weg dorthin, soviel Swing beim Einmarsch der Nationen (am Pult der Big Band stand mein Kölner Nachbar Kurt Edelhagen), soviel unpathetische Feierlichkeit auf dem Rasen – ein so heiteres Fest hatten die meisten der Fremden den Gastgebern nicht zugetraut, und die Deutschen sich selber wohl auch nicht. Es begannen glanzvolle Tage. Perfekt die Organisation, kein Militär weit und breit, kaum uniformierte Polizei, die Ordner vom Bundesgrenzschutz trugen buntes Zivil, kein Kommandoton, kein Zack-zack, auch wenn die Zeit drängte. Im Pressezentrum erfüllten sich Reporterträume, üppige Verpflegung kam aus deutschen Landen frisch auf den Tisch, für alle Beteiligten zum Nulltarif, auch für Journalisten. So konnte es weitergehen.

Ich hatte mit Harry Valérien am Rande der olympischen Anlagen in einem noch nicht ganz fertiggestellten Hochhaus eine Wohnung bezogen. Daß die Olympiaredaktion mich, den Gastarbeiter im *Aktuellen Sport-Studio,* überhaupt mitnahm, fand ich überraschend und erfreulich. Sie tat es in der Erwartung, daß es in München sicher auch Themen geben würde, die mit Sport nichts oder nur wenig zu tun haben, daß es also nicht schaden könne, wenn einer im Team sei, der sich im Umgang mit politischen oder halbpolitischen Aktualitäten ein bißchen auskennt. Daß sich die Vermutung, auch die Politik könne in München eine Rolle spielen, auf schreckliche Weise erfüllen sollte, ahnte in den ersten anderthalb Wochen niemand. Das ZDF ging mit einer vierköpfigen Moderatorenriege an den Start, die aus Harry Valérien, Dieter Kürten, Werner Schneider und mir bestand. Jeweils zwei wechselten sich im Olympiastudio ab: Der erste begann seinen Dienst morgens um acht und ging nachmittags um vier. Bis Mitternacht übernahm dann der zweite.

Mir ist diese Arbeit, immer live natürlich, nicht leicht-gefallen. Mein Inventar an Sportwissen war um einiges dürftiger als das der drei Kollegen. Das muß nicht un-bedingt ein Nachteil sein, wie ich schnell merkte – auch der normale Fernsehzuschauer ist ja keine wan-delnde Enzyklopädie. Was er gern wissen und gegebe-nenfalls den Gast im Studio fragen möchte, das zu ahnen und auszusprechen ist ja auch ein Stück Hand-werk. Ein gewisses Maß an Naivität kann manchmal nützlich sein, denn die Faktenhuberei so vieler Sport-reporter freut oft nur die Experten. Und die wissen so-wieso alles, sie brauchen solche Gespräche nicht. Aber all den anderen, für die der Sport nur eine von vielen schönen Sachen ist, werden von Moderatoren viel zu häufig Zahlen und Namen um die Ohren geschlagen, mit denen sie nichts anfangen können und für die sie sich auch nicht wirklich interessieren. Den nichtge-salbten Zuschauern bringt das gar nichts, aber der Mo-derator hat die Genugtuung, den Kollegen und Exper-ten mal gezeigt zu haben, was er alles weiß. Mit meiner etwas schlichteren Art, auf Sport und Sportler einzugehen, bin ich in München ganz gut gefahren. Ich war schon dabei, mit meiner ersten olympischen Erfahrung ganz zufrieden zu sein, da kam der 5. September.

Schwarzer September

DOZ, Deutsches Olympia-Zentrum, nannte sich der riesige Apparat, den die beiden öffentlich-rechtlichen Fernsehsysteme, ARD und ZDF, geschaffen hatten, um die Bilder der Münchner Spiele der ganzen Welt zugänglich zu machen. Alle deutschen Sender, aber auch einige der übrigen Eurovisionsländer waren mit Personal, Übertragungswagen und anderem technischem Gerät nach München gekommen, um den Gastgebern bei der Bewältigung einer Aufgabe zu helfen, die es in der internationalen Fernsehgeschichte noch nie gegeben hatte. Robert Lembke, der Bonvivant unter den Funkhausregenten, steuerte die Maschine, er war der Kopf des DOZ, dessen Leitungen aus allen Himmelsrichtungen im Gebäude einer pädagogischen Hochschule zusammenliefen. Sie lag am Rande des olympischen Dorfes, in das in der Nacht zum 5. September acht arabische Terroristen eingedrungen waren. Sie hatten zwei Israelis getötet und neun als Geiseln genommen, Sportler wie Funktionäre.

Harry Valérien war nach Bekanntwerden des Attentats ins Studio geeilt, er hatte Frühdienst, ich sollte am Nachmittag übernehmen. Auf dem Dach des DOZ-Gebäudes standen inzwischen elektronische Kameras, die weit ins olympische Dorf hineinblicken konnten. Es wirkte wie ausgestorben. Hin und wieder erschienen hinter Fenstern und auf Balkonen schemenhaft vermummte Gestalten – Angehörige einer Spezialeinheit des Bundesgrenzschutzes, die die Terroristen in den Quartieren der israelischen Sportler beobachteten und isolierten. Harry Valérien konnte auf dem Dach und im Studio nicht viel mehr tun als zu erklären, was auf den Monitoren zu erkennen war, und Mutmaßungen über den Verlauf der Telefonverhandlungen anzustellen, die zwischen dem damaligen Bundesinnenminister Hans-Dietrich Genscher und den Führern des Terror-Kommandos begonnen hatten. Am Nachmittag half ich ihm dabei, so gut es ging, aber wir wußten beide: Die Münchner Spiele sind vorüber, auch wenn IOC-Präsident Avery Brundage erklärte: »The games must go on.«

Sie sind ja auch weitergegangen, pro forma sozusagen. Aber es waren schale Siege für alle, die noch eine Medaille errangen, mit dem Herzen war keiner mehr dabei. Das Fiasko auf dem Militärflughafen Fürstenfeldbruck, bei dem alle israelischen Geiseln, fünf Palästinenser und ein deutscher Beamter ums Leben kamen, wurde zum grausigen Finale einer Veranstaltung, die so glanzvoll begonnen hatte und einzigartig zu werden versprach. Bei der Schlußfeier ging es den beiden Kommentatoren, Harry und mir, wie wohl den meisten Zuschauern überall in der Welt – uns fehlten die rechten Worte. Die heiteren Spiele waren mit einem Blutbad zu Ende gegangen.

Harry Valérien

Im Zusammenhang mit Harry Valérien fällt mir oft ein altmodisches Wort ein: Würde. Aber irgendwie ist Harry ja auch ein altmodischer Mensch. Er war einer der besten Moderatoren, der beste Reporter im alpinen Skisport – für Schwimmen und Golf sowieso. Er empfand sich aber nie ausschließlich als Sportjournalist. Er wollte immer ein Journalist sein, der sich zu sportlichen Fragen äußert. Das ist ein feiner Unterschied, der etwas mit Moral zu tun hat.

Harry Valérien berichtete über schwierige und leichte Themen, über das Massaker in München und die Olympiaerfolge der Rosi Mittermaier. Auf die leichte Schulter nahm er nichts. Auch dem Zwölftplazierten einer kleinen Meisterschaft näherte er sich mit Respekt. Nicht nur, weil sein Gegenüber und seine Zuschauer dies erwarten konnten, sondern weil es seiner journalistischen Ethik entsprach. Im Kreise der Kollegen galt er oft als unbequem – zu Recht. Er war kein Mann der Clique, er blieb am liebsten allein. Im Dunstkreis der Fernseh-Mächtigen sah man ihn selten. Vielleicht war diese Geradlinigkeit der Grund dafür, daß man ihn nie zum Chef gemacht hat. Valérien hätte ein solches Angebot wohl auch abgelehnt, weil ihm der Preis zu hoch gewesen wäre. Er hätte auf seine Maßstäbe verzichten müssen. Er blieb Autor, Reporter und Filmemacher, er blieb unbestechlich in jeder Beziehung. Niemand konnte ihm eine Story andrehen oder ausreden, niemand konnte ihn vor einen Wagen spannen, mit Schmeicheleien erreichen oder verhindern, daß Harry sagte, was er sagen wollte.

Wie unbestechlich er ist, wissen inzwischen auch die Hersteller von Sportgeräten und die Modelieferanten: Was Harry trägt, zu Hause, im Urlaub oder im Studio, das kauft seine Frau Randi im Einzelhandel. Und wenn Harry ein Paar Ski braucht oder einen Golfschläger, dann geht er ins Fachgeschäft und zahlt an der Kasse. Eine Selbstverständlichkeit? Ach ja ...

Huhn

Ziemlich genau das Gegenteil von Harry Valérien verkörpert ein Mensch, den ich glücklicherweise nur selten gesehen und nie gesprochen habe, von dem ich aber weiß, was er angerichtet hat. Der Mann heißt Klaus Huhn und war Sportchef bei *Neues Deutschland,* dem Zentralorgan der SED.

In meiner Zeit beim Fernseh-Sport bin ich einer ganzen Reihe von DDR-Journalisten begegnet. Die meisten waren angenehme Kollegen, viele mit sehr guter Ausbildung, die sich aus verschiedenen, oft familiären Gründen mit einem System eingerichtet hatten, das Journalismus ganz anders buchstabierte als wir im Westen. Heinz Florian Oertel fällt mir ein, der immer ein besonders schnieker Typ sein wollte und mit seinen maßgefertigten Blousons, seinen komischen Brecht-Mützen und seinen Pseudo-Trenchcoats aus dem Schneideratelier stets haarscharf danebenlag. Aber er war ein freundlicher, kenntnisreicher Mann, am Mikrofon ein wenig ölig und immer staatstragend, trotzdem der beste der DDR-Reporter. Seine Kollegen haben ihn respektiert, aber nicht gefürchtet.

Das war bei Klaus Huhn ganz anders, und so, wie er beschrieben wird von denen, die ihn kennen, ist er noch heute stolz darauf. Er gehörte zum Westkader, klar, und durfte in den Westen reisen, wann immer er wollte. Da hatte er eine besondere Aufgabe, nämlich die anderen zu beschnüffeln, um herauszufinden, wem auch beim nächsten Mal die Auszeichnung einer Westreise zuteil werden solle. Die Partei wollte genau wissen, wie sich die Damen und Herren im Reisekader West im Ausland aufgeführt hatten. Haben sie selbstbewußt den Klassenstandpunkt vertreten, die Errungenschaften des Sozialismus gepriesen, die Überlegenheit des Systems, auch im Sport? Haben sie brav jede Berührung mit der kapitalistischen Presse vermieden oder vielleicht doch dem einen oder anderen Kollegen aus dem Westen schöne Augen gemacht, den Kontakt zu einem DDR-Athleten vermittelt und Dinge erzählt, die nicht im *Neuen Deutschland* standen?

Wenn Klaus Huhn auftauchte – zum Beispiel bei Olympischen Spielen oder bei Fußball-Weltmeisterschaften –, war es vorbei mit dem normalen Informationsaustausch unter den deutschen Journalisten, vorbei mit kleinen Gefälligkeiten, vorbei auch mit gesamtdeutschen Skatabenden und allen anderen Formen deutsch-deutscher Geselligkeit. Denn Huhn führte Buch, und was er aufschrieb, war Grundlage der Entscheidung für oder gegen die nächste Westreise. Es ist anzunehmen, daß Huhns Spitzeleien später im ZK landeten, auf dem Tisch von Manfred Ewald, dem mächtigsten Mann im DDR-Sport. Deshalb konnte es auch für die Karriere zu Hause nicht hilfreich sein, wenn einer in Huhns kleinem Notizbuch mit Minuspunkten vertreten war. So erklärt es sich, daß mit Huhns Erscheinen am Ort einer internationalen Sportveranstaltung in den deutschen Ost-West-Beziehungen stets die Eiszeit ausbrach.

Zum Glück reiste der Schnüffler meist ziemlich früh wieder ab. Jetzt ist er ganz zu Hause, schreibt Leserbriefe an die *Süddeutsche Zeitung* und versichert seinen bayerischen »Freunden«, daß er seiner Überzeugung treu geblieben« sei. Das war zu befürchten.

Vietnam, 1972

Wenige Wochen vor den Olympischen Spielen in München war ich von meiner vierten Vietnamreise zurückgekommen. Kurz nach den Spielen flog ich wieder nach Saigon. Dort mehrten sich inzwischen die Anzeichen für ein Ende des Krieges zugunsten der Kommunisten – die Amerikaner hatten mit den Vorbereitungen für eine strategische Maßnahme begonnen, die sie die »Vietnamisierung« des Konfliktes nannten. Das bedeutete nichts anderes als den Rückzug aller amerikanischen Streitkräfte aus Indochina – in Etappen.

Noch war es nicht soweit. In Paris hatten Henry Kissinger und Le Duc Tho gerade erst angefangen, darüber zu verhandeln. Die Amerikaner holten ihre Soldaten zwar noch nicht en masse nach Hause, aber sie schickten keine neuen mehr. Für die diplomatischen

Korrespondenten, für die Beobachter in Washington und Paris war diese Entwicklung aufregender und brisanter als für das journalistische Fußvolk, das sich allabendlich auf der Terrasse des Hotels *Continental Palace* traf und Mutmaßungen austauschte über den Gang der Dinge auf den hundert Schauplätzen eines Krieges, in dem es klar erkennbare Fronten nie gegeben hatte.

Ich war wieder in Gesellschaft meines chinesischen Kameramannes Li, der in Singapur zu Hause war, Südvietnam aber seit Monaten nicht verlassen hatte, weil er jeden Tag drehen, also arbeiten und Geld verdienen konnte. Unsere Statthalterin in Saigon, eine junge Vietnamesin, die Sue genannt werden wollte und ein paar Semester auf einer amerikanischen Universität gewesen war, hatte sich nach meinem letzten Aufenthalt sicherheitshalber und für immer in die USA abgesetzt. Im Jahr zuvor war ich mit ihr, Li und dessen Assistenten auf einem Patrouillenboot der südvietnamesischen Marine gewesen, das im dichten Schilf an den Ufern nach Rebellen spähte. Weit vor uns, vier, fünf Kilometer flußabwärts, schlugen unablässig Artilleriegranaten ein – offenbar hatten die Amerikaner oder die Südvietnamesen dort eine Vietcong-Stellung ausgemacht. Bei uns war alles ruhig, wir saßen wie die Touristen in der Sonne, ließen uns vom Fahrtwind kühlen und fragten uns, wie aus dieser Idylle jemals eine Story werden sollte. Plötzlich ratterten zwei Maschinengewehre, eine Art Panzerfaust schlug ins Steuerhaus ein, einer der vier Matrosen an Bord fiel schwer verletzt in den Fluß. Wir hatten uns aufs Deck geworfen, in der Gewißheit, daß nun wohl alles vorbei sei. Unser Boot war nicht weiter als zwanzig Meter vom Ufer entfernt, und es blieb in Ufernähe, weil der Leutnant, der es kommandierte, den über Bord gefallenen Matrosen retten wollte. Fünf lange Minuten kreuzte das Boot so dicht vor den beiden Vietcong-Nestern, daß man uns auch mit Steinen hätte treffen können. Wir trugen, was man Freizeitkleidung nennt: weiße Hosen, helle Hemden, nichts, was aussah wie eine Uniform. Ich denke, die Rebellen wollten uns nicht töten – vielleicht, weil wir offensichtlich Zivilisten waren. So nah, wie wir ihnen waren, sind selbst Zielscheiben auf dem Schießstand nicht. Sie hätten uns treffen müssen. Opfer hatten wir trotzdem – der Matrose war tot, Lis Assistent verlor ein Bein, und ich bekam einen leichten Streifschuß an der Stirn ab, von dem ich erst etwas merkte, als Li zu drehen begonnen hatte. Es war, gemessen an den Maßstäben des Vietnamkrieges, eine kleine Episode, zu der wir durch unser leichtsinniges Sonnenbad auch noch selber beigetragen hatten.

Nach einigem Zögern schickten wir das Material dann doch nach Mainz. Es muß – wir kannten es ja nicht, weil es nicht entwickelt war – dramatisch ausgesehen haben. Karl-Heinz Rudolph hat es in der *heute*-Sendung behutsam moderiert. Trotzdem ist meine Mutter einige Male gefragt worden, ob ich denn wohl überleben werde. Das und anderes besprach ich mit Li auf der Hotelterrasse. Wir waren uns einig, daß wir das Delta dieses Mal meiden würden. Zwei Tage später flogen wir nach Zentralvietnam zur koreanischen Division, die auf seiten der Südvietnamesen am Krieg teilnahm.

Kriegsberichte

Keiner der Deutschen, die während des Vietnamkrieges dort als Korrespondenten gearbeitet haben, mußte das tun. Sie kamen aus unterschiedlichen Gründen ins Land (meine habe ich an anderer Stelle dargelegt), immer aber freiwillig. Weder ARD noch ZDF haben je den geringsten Druck ausgeübt. Auf die Unwägbarkeiten der Berichterstattung wurden alle nachdrücklich hingewiesen. Trotzdem hat es an Interessenten nie gefehlt.

Auf meinen letzten Reisen habe ich mich allerdings immer häufiger gefragt, was die Jagd nach Aktualitäten eigentlich soll. Sind die Grausamkeiten eines Krieges erst einmal hinreichend dargestellt, werden sie schnell zum Klischee. Die Bilder ähneln sich, auch wenn die Anlässe, die Orte, Namen und Gesichter wechseln. Viel »action«, Verwüstung und Blut. Der Nachrichtenwert aber wird immer geringer – zumal in einem Krieg, dessen Verlauf sich an den Veränderungen der Front nicht ablesen läßt, weil es eine Front nicht gibt. Nach einiger Zeit reduziert sich die Botschaft des täglichen Berichts aus dem Kampfgebiet auf den Hinweis, daß der Krieg noch nicht zu Ende ist. Das mag nötig sein, um der Abstumpfung zu begegnen, die durch die Inflation der Bilder beim Zuschauer eingetreten ist. Doch Ursachen und Ziele eines Konfliktes, die Motive der Beteiligten lassen sich nicht mehr ausmachen. Reine Kriegsberichterstattung ist einfach – vielleicht nicht ungefährlich, aber journalistische Finesse verlangt sie nicht. Eine Nacht bei den »Marines« im Dschungel, ein Tag im Mekong-Delta auf der Suche nach Vietcong-Nestern, das macht etwas her; aber mehr als die Binsenweisheit, daß Kriege schrecklich sind, verraten diese Aktualitäten nicht.

Öffentliche Wirkung haben eher die Dokumentaristen, Leute, die sich am Beispiel eines Vorgangs, einer Gruppe von Menschen, über längere Zeit eines Themas annehmen, die an einem Beispiel klarmachen, worum es geht – wer die wahren Helden sind, die Opfer, die Schufte, die Hintermänner. Es ist kein Zufall, daß in meiner Erinnerung, neben Peter Scholl-Latour, vor allem die Filme des leisen Dieter Grabe wach geblieben sind.

In meinem letzten Jahr in Vietnam, 1973, kamen die aufregendsten Nachrichten aus einem Konferenzsaal in Paris. Amerikaner und Vietnamesen beschlossen dort, den Krieg zu beenden. Erst zwei Jahre später war er dann wirklich vorbei.

Post aus Mainz

Im Frühjahr 1973 erreichte mich im Pressezentrum in Saigon ein Fernschreiben aus Mainz. Der Chefredakteur Rudolf Woller habe mir etwas mitzuteilen, ich solle so bald wie möglich nach Hause kommen. Die Mitteilung war eine Frage: ob ich mir vorstellen könne, die Hauptredaktion Sport zu leiten? Eine Umbesetzung war nötig geworden, und unter denen, die den Sport im ZDF damals machten, gab es mindestens zwei, die die Nachfolge des scheidenden Chefs Willi Krämer gern angetreten hätten. Hinter beiden standen Bataillone, die mit dem Aufstieg ihres Mannes gewisse Erwartungen verbanden. Das Haus befürchtete redaktionsinterne Rivalitäten und beschloß, einen krassen Außenseiter ins Gespräch zu bringen: mich.

Große Lust hatte ich zunächst nicht. Mir ging es ja ganz gut – mal Moderator der *Themen des Tages*, mal Reisekorrespondent. Aber dann sagte ich doch zu. Harry Valérien, dem ich seit unserer Zeit bei den Olympischen Spielen in München freundschaftlich verbunden war, hat mich immer wieder ermuntert, wie auch sein Adlatus Klaus Bokelberg. Und dann spürte ich, wie vor meiner Premiere im *Aktuellen Sport-Studio,* die Herausforderung, den Wunsch, mir zu beweisen, daß ich das kann: eine große Redaktion leiten – noch dazu eine, die beim Publikum großen Erfolg hatte, mich aber in ihrer Mehrheit nicht wollte, weil ich ein Fremder war, einer von draußen, einer ohne den Stallgeruch des gelernten Sportjournalisten.

Ihr Mißvergnügen mit Wollers Entscheidung hat mir die Redaktion im Juni 1973, am Tag meiner Amtseinführung, eindrucksvoll demonstriert – die Mitarbeiter erschienen im schwarzen Anzug, im weißen Hemd und mit schwarzer Krawatte im Konferenzsaal, wie zu einer Beerdigung. Und es mag schon sein, daß der eine oder andere an diesem Tag eine persönliche Hoffnung zu Grabe getragen hat.

Beim Sport

Nun war ich also beim Sport – ein halber Bürokrat, ein Mini-Manager mit Aufgaben, auf die mich das Leben nicht vorbereitet hatte: einen Millionenetat verwalten, über Sportrechte verhandeln, Personalpläne machen, Beurteilungen schreiben, Konferenzen leiten, andere besuchen, diesem etwas gestatten, jenem etwas abschlagen. Viele tun das gern. Es sieht nach Karriere aus, schmeckt nach Macht und stärkt manchem deshalb das Selbstgefühl. Ich hatte bis zum Schluß Probleme damit. Wenn es ging, überließ ich die Verwaltungsarbeit meinem Vize Alfons Spiegel, der Ahnung davon hatte und dem sie auch Spaß machte. Er war immer loyal und hat mein Vertrauen nie enttäuscht; acht Jahre später wurde er mein Nachfolger.

Ich habe mich lieber mit Inhalt und Form der Programme meines neuen Ressorts beschäftigt: mit dem *Aktuellen Sport-Studio*, der *Sport-Reportage* am Sonntagnachmittag, vielen Sondersendungen aus aktuellem Anlaß, Live-Übertragungen zumeist, und mit der Dokumentarreihe *Sport-Spiegel*. Sie mochte ich besonders, weil sie nicht, wie fast alle anderen Programme, sportlichen Aktualitäten nachjagt, sondern Probleme aufgreift, die es im Sport schon immer gab, lange vor der ersten Doping-Enthüllung. (Jetzt ist der *Sport-Spiegel* im ZDF-Programm wieder aufgetaucht. Nach ein paar Jahren Pause hat sich wohl die Einsicht durchgesetzt, daß gerade der Sport auf die Darstellung von Hintergrund nicht verzichten kann.)

Sport und Gesundheit, Breitensport, Behindertensport, die Kommerzialisierung des Sports, Sport in der Dritten Welt, die Leistungsspirale im Sport, Sinn und Unsinn des Motorsports, der Niedergang der olympischen Bewegung – das waren und sind Themen, die in der normalen Berichterstattung kaum vorkommen, meist aber mehr Gewicht haben als der hechelnde Galopp der Aktualitäten am Wochenende. Unter den Autoren waren bekannte Journalisten aus den Printmedien: Horst Vetten, Ulrich Kaiser, Ulfert Schröder. Mehr als jede andere Redaktion ist der *Sport-Spiegel* mit Grimme-Preisen ausgezeichnet worden. Mehrere gingen an Bruno Meyer, den Redaktionsleiter, und an den inzwischen verstorbenen Hans-Jürgen Usko. Auch ich verdanke meinen ersten Grimme-Preis einer Dokumentation für den *Sport-Spiegel,* einer Reportage über die Mysterien Haitis, die ich drehte, als sich die Haitianer für die Fußball-Weltmeisterschaft 1974 in Deutschland qualifizierten.

Markenzeichen

Immer wenn ein Neuer in die Redaktion kam, schienen die goldenen Jahre des *Aktuellen Sport-Studios* gerade vorbei zu sein. Diese Nostalgie machte mir am Anfang zu schaffen, auch deshalb, weil ich sie nicht recht verstand. Jetzt habe ich nichts mehr dagegen. Nach mir sind andere »Neue« gekommen, und vielleicht hat ja auch mich längst ein Abglanz der frühen Jahre erreicht – und ich habe es nur nicht gemerkt.

Der Wiener Heribert Meisl, in den sechziger Jahren einer der bekanntesten Fußballreporter im deutschsprachigen Europa, war eine Ikone der Anfangszeit. Ich hatte ihn nicht gekannt, hörte aber immer wieder, sein Sachverstand und seine witzige Schlagfertigkeit seien unnachahmlich gewesen. Als Moderator trat er allerdings nur ein einziges Mal auf, und zwar, wie sich beim Nachfragen schnell herausstellte, in der allerersten Sendung des *Aktuellen Sport-Studios*. Sie war dreieinhalb Stunden lang, es wurden, für jedermann sichtbar, Schallplatten abgespielt, und zu sehen gab es dazu die Inneneinrichtung des Studios. Am darauffolgenden Montag überschrieb eine große Münchner Tageszeitung ihre Kritik dieser Premiere mit »Mainzer Käse«.

Günzler und Thoelke verschwanden gerade im Nebel der Verklärung, als ich im Sport die Geschäfte übernahm. Sie waren beide gestandene Leute, die viel zum Markenzeichen *Aktuelles Sport-Studio* beigetragen haben. Besonders bei Thoelke konnte mancher lernen, wie angenehm es ist, wenn einer vor der Kamera redet und sich bewegt wie ein normaler Mensch. Seine große Popularität verführte ihn allerdings manchmal zu allerlei Koketterien, die nicht ganz so unterhaltsam waren, wie er dachte, und die mit Sport nicht viel zu tun hatten. Ich erinnere mich an einen Auftritt, den er, an die Zuschauer gewandt, mit dem Satz begann: »Ich habe Ihnen was Interessantes mitzuteilen. Kommen Sie mal näher.« Die Kamera fuhr einen Schritt auf ihn zu. »Noch ein bißchen näher.« Die Kamera kam einen weiteren Meter heran. »Noch näher.« Jetzt wurde es streng vertraulich – nur noch Thoelkes Kopf füllte das Bild, die Spannung stieg ins Unerträgliche. Was war passiert? Ist Hans Günther Winkler vom Pferd gefallen? Geht Uwe Seeler zum FC Santos nach Brasilien? Hat Marika Kilius den Bundesfinanzminister geheiratet? Und dann Thoelkes geflüsterte Mitteilung: »Rotweiß

Essen hat verloren.« Mit solchen Späßchen ließ sich damals Ruhm erwerben.

Auch Günzlers Interview mit einem unsäglichen Boxer namens Grupe, der sich »Prinz von Homburg« nannte, hat dem Ruf des *Aktuellen Sport-Studios,* die etwas andere Sportsendung zu sein, keinesfalls geschadet. Der Faustkämpfer hatte sich offenbar vorgenommen, eine an ihm ziemlich desinteressierte Öffentlichkeit über Nacht wieder auf sich aufmerksam zu machen, und zwar durch beharrliches Schweigen. Das ist ihm voll gelungen. Günzler konnte fragen, was er wollte – als Antwort bekam er mal ein Grunzen, mal ein Grinsen, mal einen stieren Blick, aber zu hören war nicht ein einziges Wort. Auch auf diese Weise läßt sich der Unsterblichkeit ein Stückchen näherkommen. Günzlers Nicht-Gespräch wurde zum Klassiker; es wird noch heute gelegentlich gezeigt.

Die Torwand

Nein, die Sonne im *Aktuellen Sport-Studio* war auch nach Thoelkes und Günzlers Weggang nicht untergegangen. Dazu war das Format einfach zu gut: eine Werkstattsendung vor meist dankbarem Publikum, weitgehend ohne Dekoration, scheinbar improvisiert und selbstverständlich live. Geboren wurde sie aus der Not des gerade gegründeten ZDF, der ARD-*Sportschau* etwas ähnlich Attraktives entgegensetzen zu müssen. Das wäre normalerweise kein großes Problem gewesen. Vor den braven Moderatoren im Ersten, Ernst Huberty ausgenommen, mußte sich keiner fürchten. Der starre, monotone Aufbau der *Sportschau* entsprach in seiner Schlichtheit dem Sprachvermögen der meisten, die in der Sendung zu Wort kamen. Aber die *Sportschau* hatte eine Attraktion, die einfach nicht zu schlagen war: Bundesliga-Fußball. Eine knappe Stunde nach dem Abpfiff in den Stadien ging es los – alle Spiele, durch professionellen Schnitt auf ihre Höhepunkte reduziert, ein wahrer Straßenfeger. Dagegen schien kein Kraut gewachsen.

Es war Horst Peets, ein knurriger Ostpreuße aus der Sportredaktion der Hamburger *Welt,* der die Idee hatte, den Sport am Samstag ganz anders aufzuzäumen als die dröge Konkurrenz. Er wußte, daß die harten Fans Fußball auch zweimal am Tag vertragen. Er ahnte, daß es andere geben könnte, die vielleicht ganz froh wären, nicht jeden Samstag pünktlich um 18.10 Uhr vor dem Bildschirm sitzen zu müssen, nur um ihren Fußball nicht zu versäumen. Für sie brächte das *Aktuelle Sport-Studio* die Gewißheit, alles aus den Stadien serviert zu bekommen, was schon in der ARD zu sehen war, und dazu noch eine ganze Menge mehr. Und so haben es die Veteranen dann auch gemacht.

Bald stießen Jüngere dazu – Karl Senne, Rainer

162

Deike, Eberhard Figgemeier, Klaus Bokelberg –, von denen jeder eine eigene Handschrift hatte und auch Vorstellungen davon, wie sich Sport in spannendes, unterhaltsames Fernsehen übersetzen ließ. Der Düsseldorfer Werner Schneider – nicht zu verwechseln mit dem österreichischen Kabarettisten Werner Schneyder, der später als Moderator zu uns ins *Aktuelle Sport-Studio* kam – erfand die Torwand und vergaß, sich den Einfall schützen zu lassen. Das hat ihn stets gewurmt. Und nicht einmal der Gedanke, durch die kleine, schwarze Holzwand mit den zwei Löchern, links oben und rechts unten, auch ein Stück Unsterblichkeit erworben zu haben, konnte ihn trösten.

Ich habe den großen Fehler gemacht, die Torwand einmal für ein paar Monate aus dem Verkehr zu ziehen. Ich glaubte, alle Möglichkeiten, während der endlosen Ball-Auflege-Pausen einen halbwegs intelligenten Satz zu sagen, hätten sich im Laufe der Jahre erschöpft. Falsch – wie ich bald merkte. Es hagelte wütende Proteste. Den Stammkunden waren unsere Überleitungen völlig egal, sie wollten sehen, wie sich die Fußball-Prominenz aus der Affäre zog. Es blieb also bei: »Knapp vorbei, macht nichts. Jetzt noch einen links oben. Pech gehabt, kommt vor. Schönen Dank für Ihren Besuch.«

Daß das kindliche Vergnügen des Auf-die-Torwand-Schießens selbst erwachsene Männer moralisch ein bißchen aufbauen kann, habe ich zu meiner Überraschung bei Günther Netzer erlebt. Er war in den siebziger Jahren, nicht sehr zufrieden mit sich, aus Spanien zurückgekommen und suchte wieder Anschluß an die Nationalmannschaft. Er traf die Torwand fünfmal – sechs Treffer hatte noch keiner geschafft – und schwebte beglückt von dannen. Beim nächsten Länderspiel war er prompt dabei.

Eine Kabine für Sabine

In Sportredaktionen haben es Frauen nicht leicht. Bleiben wir beim Fernsehen: In keinem Ressort gibt es weniger Frauen, in keinem haben sie geringeres Gewicht als im Sport. Als Aktive spielen sie im Breiten- wie im Spitzensport die gleiche Rolle wie die Männer; das heißt, sie sind gleichberechtigt als Gegenstand der Berichterstattung, nicht aber als Berichterstatter. Allein mit dem Verstand läßt sich das nicht erklären. Warum haben Frauen in den Redaktionen, in denen es um Innen- und Außenpolitik, um sozial-, wirtschafts- und umweltpolitische Themen geht, im Prinzip und meist auch in der Praxis die gleichen Chancen wie Männer? Warum sind sie in der Kultur willkommen, nicht aber im Sport?

Ich meine, es liegt am Medium. Eine positive Wirkung im Sinne seiner Macher hat Fernsehen fast immer dann, wenn es Gefühle anspricht. Das gilt nicht für jeden Zuschauer, aber für die meisten. Anders ist der Erfolg der privaten Sender gar nicht zu erklären. Am Abend vor dem Bildschirm sitzt die Ratio weit weg von der ersten Reihe irgendwo am Katzentisch. Sendungen, die an den Kopf appellieren (und an das Gefühl vielleicht erst, wenn der Kopf in Tätigkeit getreten ist), gehören hierzulande zu den sogenannten Minderheitenprogrammen. Deren Verbreitung hat der Gesetzgeber den Öffentlich-Rechtlichen zur Pflicht gemacht, den Privaten aber nur sanft und unverbindlich empfohlen. Kein Wunder also, daß die Programmplaner der Kommerzsender die Gefühlswelt ihrer Kunden mit besonderer Sorgfalt ins Visier nehmen. Die werbende Wirtschaft, die ihre Produkte ja auch über das Gefühl verkauft, dankt es ihnen.

Aber ohne den Appell an die Gefühle der Gebührenzahler kommen auch die Öffentlich-Rechtlichen nicht aus. Das zeigt sich an vielen Stellen des Programms, in Serien, in den bunten Abenden der Volksmusik – und im Sport. Der leugnet seine enge Verwandtschaft zur Unterhaltung immer weniger. Und da beginnt das Problem der Frauen in den Sportredaktionen.

Sie arbeiten in einem Ressort, dessen Angebot noch immer überwiegend von Männern gemacht und angenommen wird, und besonders dann, wenn es mit Fußball zu tun hat, der größten Attraktion in jedem Sportprogramm. Für Männer ist Fußball fast ausschließlich eine Gefühlserfahrung. Rational bewältigen lassen sich gerade noch die Regeln und allenfalls die wirtschaftliche Seite des Unternehmens Bundesliga, obwohl auch sie gelegentlich, wie jüngst auf Schalke, die Grenze zum Irrationalen streift. Männer aber, viele Männer, beginnen bei der Kommentierung eines Fußballspiels durch eine Frau zu »fremdeln« – so nennen Kinderärzte den Vorgang, bei dem sich die Kleinen ohne erkennbaren Grund abwenden und deutliches Unbehagen zeigen. Irgend etwas irritiert viele Männer, obwohl das, was, sagen wir, Sabine Töpperwien über den Spielverlauf im Müngersdorfer Stadion ins Mikrofon spricht, keinesfalls weniger spannend, weniger kenntnisreich oder schlechter formuliert ist als das, was ihre Kollegen bei ähnlichen Anlässen zum besten geben. Aber die Männer »fremdeln«, und die Nachdenklichen unter ihnen ärgern sich darüber, weil sie keinen »vernünftigen« Grund für ihr Unbehagen erkennen können. Fußball ist Männersache geblieben, allen Gleichheitsbeteuerungen zum Trotz. Der Blick auf die Tribünen an jedem Samstagnachmittag läßt einen anderen Schluß nicht zu.

Die junge Frau, die am Abend im Sportmagazin Ergebnisse und Tabelle kommentiert, sich mit Spielern oder Trainern unterhält, hat bei einem großen Teil des Publikums schlechte Karten und weiß es gar nicht. Es sagt ihr auch keiner. Denn einer Frau den Zugang zur Fußball-Berichterstattung zu verwehren, wenn sie ihn verlangt, das geht natürlich nicht in unserer aufgeklärten Zeit. Aber das Gefühl macht nicht mit, der Ton ist falsch – Gewohnheiten, die über Generationen gewachsen sind, lassen sich von der Vernunft zwar unterdrücken, aber nicht leicht zerstören. Im Unterbewußtsein leben sie weiter. Viele Journalistinnen wissen von dieser Pro-forma-Akzeptanz und suchen sich lieber ein Ressort, in dem sie auf die verklemmte Toleranz der Männer nicht so sehr angewiesen sind. Die aufgesetzte Burschikosität vieler Sportmoderatorinnen hilft allerdings auch nicht dabei, solche Widerstände abzubauen. Wenn sie sich gibt wie ein Mann, wenn sie redet wie ein Mann – so denkt mancher Mann –, warum dann nicht gleich ein Mann?

Aber der Zug ist abgefahren. Frauen treiben nicht nur, was Jahrzehnte reiner »Männersport« war – sie schreiben und reden auch darüber. Den Männern wird nichts anderes übrigbleiben, als ihre alten Gewohnheiten allmählich durch neue zu ersetzen. Es ist eine Frage der Zeit. Und bis dahin klettert Sabine Töpperwien hoffentlich regelmäßig in die Sprecherkabine auf dem Bökelberg oder im Ruhrstadion. Man muß ihr wohl ein langes Leben wünschen.

Carmen

Manchmal, nicht oft, marschiert das ZDF an der Spitze des Fortschritts. Die erste Frau, die im deutschen Fernsehen Nachrichten verkündete, war Wibke Bruhns, eine Journalistin, keine reine Sprecherin. Daß sie erheblich mehr konnte, als sauber vom Blatt zu lesen, hatte sie schon vor ihrem Debüt bei *heute* bewiesen und später erst recht – als Moderatorin beim WDR und NDR, als Filmemacherin und Korrespondentin des *Stern* in Jerusalem und Washington. Vor der Entscheidung für Wibke Bruhns hatte es Probeaufzeichnungen mit einer anderen Kandidatin gegeben, die als freie Mitarbeiterin beim WDR in Köln für den Hörfunk und das regionale Fernsehen tätig war: Carmen Thomas. Daß sie später mit *Hallo Ü-Wagen* zu einer Institution werden sollte, und das nicht nur in Nordrhein-Westfalen, ahnte sie natürlich nicht. Sie wollte Fernsehen machen, und zwar live – da kam ihr die Anfrage aus Mainz nicht ungelegen.

Daß dann nur das Vorlesen von Nachrichten von ihr erwartet wurde, gefiel ihr zwar nicht sonderlich, aber sie probierte es, und sie konnte es. Lieber aber war ihr von Anfang an die Arbeit als Moderatorin. Dafür war nun in der Nachrichtenredaktion gerade kein Bedarf, wohl aber einige Zeit später im Sport. Man hatte beschlossen, die Liste der Gastarbeiter im *Aktuellen Sport-Studio*, Schmieding und Friedrichs, um den Namen einer Frau zu verlängern. Ich schlug Carmen Thomas vor. Die nötigen Tests bestand sie ohne Probleme, und bald danach versuchte sie sich am Samstagabend an einer Übung, die – damals noch viel mehr als heute – die Quadratur des Kreises war: als Frau vorwiegend männlichen Zuschauern die vorwiegend männliche Sache Sport nahezubringen.

Sie machte das ganz anders, als es die meisten Sportmoderatorinnen noch heute machen: ohne Faktenhuberei, ohne flüchtig angelesenes Archivwissen auszubreiten, ohne Koketterie, ohne Rückgriff auf die sprachlichen Klischees der Branche. Sie war – wie Alfred Biolek und anders als Thomas Gottschalk – wirklich neugierig auf ihre Gäste und auf die Umstände, unter denen sie lebten und ihren Sport ausübten. Manchmal bestand sie auf Themen, die die Redaktion nicht so recht wollte, weil sie mit Leistungssport nichts zu tun hatten – auf Baby-Schwimmen beispielsweise, verbunden mit der Frage, in welchem Alter und unter welchen Bedingungen Kleinkinder schwimmen lernen sollen. Im Studio wurde ein gewaltiges Gummibecken aufgestellt, ein Dutzend nackter Babys krabbelten darin herum – und es war dann doch ein richtig schöner Abend im *Aktuellen Sport-Studio*.

Prominentenstatus bekam Carmen Thomas durch einen Versprecher: Schalke 05 statt Schalke 04. Wenn eine solche Lappalie ausreicht, um einen Menschen über Nacht in ganz Deutschland bekannt zu machen, dann ist es eigentlich erstaunlich, daß ihr das keiner

169

nachgemacht hat. Was Carmen passierte, läßt sich ja auch planen: vor ein paar Millionen Zuschauern einen bekannten Namen oder Begriff verstümmeln oder verkürzen, live natürlich, und schon ist man auf dem Weg zu bundesweitem Ruhm.

Seit Schalke 05 gehört zu Carmen Thomas' Namen die Legende, sie sei wegen dieses Versprechers von den Machos in der Redaktion, die ich damals leitete, fristlos gefeuert worden. In Wahrheit hat Carmen noch gut weitere anderthalb Jahre im Abstand von jeweils fünf bis sechs Wochen das *Aktuelle Sport-Studio* moderiert. Und als sie uns dann verließ – zu unserem Schaden, weil wir eine adäquate Nachfolgerin nie mehr fanden –, tat sie dies, weil sie vor dem Kölner Arbeitsgericht einen Prozeß auf Festanstellung beim Westdeutschen Rundfunk gewonnen hatte. Da war es natürlich vorbei mit gelegentlichen Auftritten bei der Konkurrenz in Mainz. Ich gebe zu: Die Version, wegen eines lächerlichen Versprechers von männlichen Fußball-Neurotikern entlassen worden zu sein, ist unterhaltsamer und erzählt sich auch hübscher als das, was sich in Wahrheit zugetragen hat. Und weil eine gute Geschichte allemal besser ist als eine langweilige, auch wenn sie nicht ganz stimmt, hat Carmen die Schalke-05-Erklärung für ihren Abschied vom *Aktuellen Sport-Studio* immer ziemlich leise dementiert. Wer macht sich schon gern eine Pointe kaputt?

170

Talk-Show

Im deutschen Fernsehen gab es schon eine Talk-Show, als die meisten Deutschen noch gar nicht wußten, was das eigentlich ist. Und die Leute, die sie machten, wußten es auch nicht. Aber an seinen besten Tagen war das *Aktuelle Sport-Studio* immer auch eine sehr gute Talk-Show. Wenn es glanzvolle Namen sind, die eine Talk-Show braucht, dann hatten die Mainzer über Jahrzehnte mehr an Prominenz zu bieten als fast jedes andere Fernsehprogramm, und zwar Woche für Woche. Kaum ein Star aus der Welt des Sports, der nicht irgendwann den Weg nach Wiesbaden gefunden hätte. (Dort standen die Studios, in denen das ZDF seine aktuellen Sendungen produzierte. Der Umzug auf die andere Seite des Rheins, in die Neubauten auf dem Mainzer Lerchenberg, kam erst Anfang der achtziger Jahre.) Vor ein paar Wochen sagte Karl Senne, der jetzt den ZDF-Sport leitet: »Außer einem berühmten Skiläufer aus Polen, dem Papst, hatten wir sie wohl alle.« So wird es sein.

Ich habe längst nicht alle erlebt, aber einige sind in meiner Erinnerung lebendig geblieben. Nicht immer hatten sie große Namen. Vor den Olympischen Winterspielen 1980 in Lake Placid kam ein würdevoller, älterer Bayer zu uns ins Studio und erzählte von der Zeit, in der in Lake Placid zum ersten Mal olympische Medaillen vergeben wurden, dem Jahr 1932. Er hieß

Walter Leinweber und war Torhüter der deutschen Eishockey-Nationalmannschaft. Nur vier Eishockey-Teams waren zum olympischen Turnier erschienen; Kanada, die USA, Polen und Deutschland. Die Deutschen gewannen Bronze. Wahre Idealisten: Ihre Schiffspassagen nach New York hatten sie aus eigener Tasche bezahlt, auch die Unterkunft in Lake Placid, und was jeder auf dem Eis brauchte – viel war es ja damals nicht –, das hat er selber angeschafft. Über so viel Selbstlosigkeit staunen heutzutage selbst lupenreine Amateure. Spitzensportler schütteln den Kopf.

Für viele ist Sport, zumindest vorübergehend, zum Beruf geworden. Das kann auch gar nicht anders sein in einer Zeit, in der die Erwartungen der Zuschauer schneller steigen als das Leistungsvermögen vieler Athleten. Sport kostet Geld – vor allem beim Handel mit den Übertragungsrechten. Aber umsonst sind oft auch Interviews nicht zu haben, und schon gar nicht, wenn damit eine Reise in ein Fernsehstudio verbunden ist. Das *Aktuelle Sport-Studio* hat einen sehr bescheidenen Etat; zu meiner Zeit lag der Preis für eine Sendeminute bei tausend Mark. Honorare, die über DM 500 hinausgehen, verbieten sich da von selbst.

Es gibt aber Spitzensportler, die für eine Summe unter DM 5000 nicht vor die Hoteltür treten. Auf sie hätte die Redaktion verzichten müssen, wenn ihr die Sportartikel-Industrie nicht zu Hilfe gekommen wäre. Ein bißchen Schleichwerbung war dabei im Spiel, und das wußten wir auch. Aber die Leute von Adidas beispielsweise – sie haben uns den größten Teil der internationalen Stars vermittelt – waren dabei von bemerkenswerter, fast altmodischer Zurückhaltung. Keiner der Studiogäste, die sie zu uns schickten, wurde für seinen Fernsehauftritt besonders hergerichtet. Sie trugen ein Wams aus der neuesten Kollektion, drei Streifen an der Hosennaht, drei an den Schuhen, das war die ganze Werbebotschaft. Der Name Adidas ist nie gefallen. Auf den Gedanken, auch noch den Hemdkragen ihrer Werbeträger mit einem Logo zu besticken, wie das heute ein Service-Unternehmen aus dem Automobilbereich tut, wären die Sportschuhmacher aus Herzogenaurach nie gekommen. Wenn einer der Athleten aus Übereifer mal aus der Rolle fiel, gab es hinterher eine sanfte Ermahnung.

Auch Puma, die Konkurrenz innerhalb der Dassler-Familie, ließ sich nicht lumpen. Ich erinnere mich, daß Aki Bua aus Uganda, der Weltrekordler über 400 Meter Hürden, vor jedem Schuß auf die Torwand eine Ewigkeit brauchte, um sich den Ball zurechtzulegen. Die Kamera hat das natürlich eingefangen, den Ball gezeigt und, unvermeidlich, auch Aki Buas Füße. Die steckten in Schuhen mit dem Puma-Keil an der Seite. Uns war Aki Buas Inszenierung ein bißchen zu aufdringlich und den Leuten aus Herzogenaurach auch.

Manchmal allerdings sind Werbung und Information nicht zu trennen. Ende der siebziger Jahre kam ein Professor von der Universität Princeton zu uns, der einen neuen Tennisschläger entwickelt hatte, mit einem

Aluminiumrahmen groß wie eine Bratpfanne. Nach ein paar Tests mit der Ballmaschine fanden die Tennisspieler in unserer Redaktion, der Herr Professor könnte auf dem richtigen Wege sein. Der Ball ließ sich wegen der größeren Schlagfläche tatsächlich leichter treffen, weil auch der »Sweet Point« größer war, das Zentrum des Schlägers. Ganz nett, dachten wir, ein paar Betuchte, die jede Neuigkeit ausprobieren, werden das Ding vielleicht kaufen, aber in sechs Monaten redet kein Mensch mehr darüber. Gute Propheten waren wir nicht. Was wir damals im *Aktuellen Sport-Studio* demonstrierten, war der Prototyp des »Prince«, des ersten »Oversize-Rackets«, der ersten Bratpfanne also. Inzwischen schwingt sie jeder; kleine Schläger werden gar nicht mehr angeboten. Selbst Jimmy Connors, der letzte der Traditionalisten, hat sich auf seine alten Tage bekehren lassen.

Der Größte unter den Großen im *Aktuellen Sport-Studio* nannte sich selber so: Muhammad Ali, seit seinem Sieg über George Foreman 1974 in Kinshasa wieder Weltmeister aller Klassen, König der Boxer. Als er zugesagt hatte, bekamen wir eine Vorstellung davon, was das Bonner Protokoll zu tun hat, wenn hoher Staatsbesuch ins Haus steht. So viel Ehre für einen kleinen Sender – die Wichtigtuer hatten ihren großen Tag.

Als Muhammad kam, war alles ganz einfach. Er war sichtlich guter Laune, genoß den Beifall des Publikums und frotzelte unseren Kollegen Helmuth Bendt an, den er seit fast zehn Jahren kannte und der ihm nach Chicago entgegengeflogen war (»Er hat vor lauter Aufregung kein Auge zugetan, er muß verrückt sein«). Über das Tief in seiner Karriere, über die Aberkennung des Weltmeistertitels 1967 als Folge seiner Wehrdienstverweigerung, mochte er nicht viel sagen – erledigt, er war ja wieder Champion geworden, nur das zählte. Bendt, körperlich nicht gerade ein Riese, nahm er immer wieder sanft auf den Arm (»He is too small to give me trouble«). Muhammad hatte an diesem Abend keine Botschaft für die Unterdrückten dieser Erde, er wollte – halb Charmeur, halb Clown – die Deutschen unterhalten, und das ist ihm glänzend gelungen. Als er Karl Mildenberger in die Arme sank, war er sichtlich gerührt. Offenbar mochte er den Mann, den er 1966 entscheidend geschlagen hatte: »Du siehst großartig aus. Wie ein Filmstar. Das hätte ich damals im Ring ja ändern können. Du solltest mir dankbar sein.« Dann eine kurze Runde Schattenboxen mit Mildenberger, und Muhammad Ali entschwand. Das *Aktuelle Sport-Studio* hatte einen schwierigen Abend mit Anstand hinter sich gebracht.

Politisches

Wenn ich, im Urlaub oder bei anderen Gelegenheiten, meine Freunde traf, sagten sie mir meist angenehme Dinge über das, was wir im *Aktuellen Sport-Studio* oder in anderen Sendungen gerade gemacht hatten. Aber ich merkte, es war viel Höflichkeit dabei. Sie schauten zu, weil einer, den sie kannten, damit zu tun hatte. Sie gehörten zu denen, die auch ohne Sport im Fernsehen ganz gut leben konnten, von Großereignissen wie Olympia und Wimbledon vielleicht abgesehen. Es waren Leute, denen die Aufbereitung des Sports auf dem Bildschirm zu kleinkariert war, zu fachbezogen, zu verliebt in belanglose Details und Statistiken. Und die Menschen, die dabei zu Wort kamen, fanden sie, mit Ausnahmen, auch nicht sonderlich aufregend. So wie ihnen ging es vielen. Sport ist ja bis heute nur in Ausnahmefällen ein Straßenfeger – in der Summe haben die Programme, die etwas anderes zeigen, fast immer mehr Zuschauer als der eine Kanal, der ein großes internationales Sportereignis überträgt.

Wie wär's denn, dachten wir uns eines Tages in der Redaktion, wenn wir versuchen würden, aus dieser Enge auszubrechen, uns zu öffnen für Menschen und Themen, die nur mittelbar mit Sport zu tun haben? In der Politik, in der Kultur, in der Wirtschaft spielt Sport schließlich auch eine Rolle, und im Alltag der Menschen, weit weg vom Leistungssport, erst recht. Carmen Thomas mit ihrer direkten, intelligent-naiven Art, auf die Probleme zuzugehen, hatte eine Richtung schon mal vorgegeben. Es gab noch andere Möglichkeiten, und wir beschlossen, sie zu probieren.

An einem Tag, an dem der deutsche Leichtathletik-Verband wenige Stunden vor einem Länderkampf gegen Polen und die DDR seine Mannschaft aus Warschau zurückgeholt hatte, erschien der damalige Bundesinnenminister Hans-Dietrich Genscher im *Aktuellen Sport-Studio* und diskutierte mit uns über die Drei-Staaten-Theorie des Ostblocks und den Flaggenstreit, der sich daraus ergab. (Die Westdeutschen waren aus Warschau abgereist, als neben Bundes- und DDR-Flagge auch eine Fahne für Westberlin gehißt werden sollte.) Ein paar Monate später führten wir mit Bundeskanzler Willy Brandt ein Gespräch über die Zögerlichkeit vieler Sozialdemokraten, sich auch zur Notwendigkeit des Leistungssports zu bekennen. Auf das Torwandschießen verzichtete er zugunsten seines jüngsten Sohnes Matthias. Der landete zwei Treffer – mehr als mancher Bundesliga-Profi.

Die Torwand ließ auch Walter Jens aus, der Tübinger Rhetorik-Professor, den der DFB unvorsichtigerweise eingeladen hatte, 1975 zum 75. Gründungsjubiläum des DFB in der Frankfurter Paulskirche die Festrede zu halten. Als Jens auf ein Honorar verzichtete, hätte Hermann Neuberger mißtrauisch werden müssen – Jens nutzte die Gelegenheit, um den versammelten Fußballfunktionären gehörig die Leviten zu lesen. Für alle, die nicht dabei waren, erklärte er am Samstag darauf im *Aktuellen Sport-Studio,* daß er Fußball über alles liebe, sich aber ständig reibe am mangelnden Geschichtsbewußtsein seiner Funktionäre und am autoritären Stil, mit dem in Deutschland der organisierte Fußball betrieben werde.

Vor seiner Karriere in Bonn war Heiner Geißler Sozialminister in Rheinland-Pfalz. In seine Zuständigkeit fiel auch der Sport. Als er zu uns ins *Aktuelle Sport-Studio* kam, war davon allerdings nur am Rande die Rede – lieber redeten wir (und wohl auch unser Gast) über die Faszination, die Berge auf Menschen ausüben und über die Folgen, die solche Begeisterung haben kann. Für Geißler sind sie durchweg positiv: Kondition zu haben, körperlich fit zu sein, weil das, wie er glaubt, auch vor geistiger Trägheit schützt. Ihm ist es wichtig, in Grenzbereiche vorzustoßen, Gefahren zu erkennen und zu überwinden – das reizt ihn sehr, und zwar bis heute. Gelegentlich probiert er es ja auch im Flachland der Politik.

Nach der Sendung versammelte sich die Redaktion wie immer bei Ossi in der Kneipe. An diesem Abend beklagte Geißler unsere Sendezeit: 22 Uhr, selten früher. Für seine drei sportbegeisterten Söhne sei das viel zu spät. Kindern habe der Sport im Fernsehen nichts zu bieten, darüber sollten wir doch mal nachdenken. Das haben wir dann getan. Das Ergebnis war *Pfiff,* das Sport-Studio für Kinder am Freitagnachmittag. Die erste Ausgabe moderierte Harry Valérien. Achtzehn Jahre war es im Programm. Weihnachten 1994 wurde es eingestellt.

Mit Werner Schneyder, dem österreichischen Kabarettisten, kam eine ganz neue Farbe in die Moderatorenriege unserer Sendung. Karl Senne, Rainer Deike und ich hatten ihn in der Münchner Lach- und Schießgesellschaft in einem Programm mit Dieter Hildebrandt gesehen. Später an der Bar stellte sich heraus, daß Schneyder über Eishockey und Boxen (er hatte eine Ringrichter-Lizenz) alles wußte und über die meisten anderen Sportarten eine ganze Menge. Er hatte Spaß am Fernsehen, auch am Sport im Fernsehen, fand aber, daß zu selten Klartext geredet werde. Als wir ihm anboten, das bei uns zu tun, nahm er an. So kamen wir zu einem Mitarbeiter, der es wie kein anderer verstand, in eleganten Formulierungen unbequeme Wahrheiten auszusprechen. Nicht alle haben ihm das gedankt.

Die Gabe, sich selbst in Frage zu stellen oder, noch schlimmer, sich von einem anderen in Frage stellen zu lassen, ist bei Sportfunktionären und Fans keinesfalls stärker verbreitet als in anderen Bereichen des öffentlichen Lebens. Für das *Aktuelle Sport-Studio* war Werner Schneyder jedenfalls ein Schmuckstück, einzigartig in der ziemlich monotonen Landschaft der Sportmagazine. Als seine Bühnentermine ihn in Zeitnot brachten, blieb er dem ZDF wenigstens noch für einige Zeit als Moderator eines amüsanten Jahresrückblicks erhalten. Jetzt lebt er in Wien, schreibt Bücher und führt Regie am Theater.

Argentinien, 1978

Einer der pfiffigsten Reporter beim Sport im ZDF heißt Michael Palme. Zum Journalismus kam er auf dem Umweg über den Film. Er war ursprünglich Cutter, einer der besten in Mainz, und weil er sich für Sport interessierte und auch einiges davon verstand, hat er viele der Filme seiner Kollegen vom Sport geschnitten. Eines Tages muß er sich gesagt haben: »Das kann ich auch«, und er konnte es auch. Mit dem Segen des Hauses vertauschte er nach einiger Zeit den Schneidetisch mit dem Schreibtisch und war von da an nur noch Redakteur, Texter und Reporter. Sein Stil ist Geschmackssache. Wer gern Klartext hört, wer es lieber sieht, wenn die Säulenheiligen im Tempel des Sports kritisch und ohne falschen Respekt angegangen werden, für den ist Palme der richtige Mann. Es gibt aber auch Leute, die seine Berliner Schnauze nicht besonders schätzen. Die meisten von ihnen haben selber mit Sport, vor allem mit Fußball, zu tun, als Spieler, Trainer oder Manager. Sie liefern Palme oft die besten Themen, und deshalb hält sich ihre Bewunderung für dessen Formulierkünste in verhältnismäßig engen Grenzen. Das spricht für Palme und für die wenigen anderen im deutschen Fernsehsport, die – wie Marcel Reif zum Beispiel – sich nicht bei ihren Gesprächspartnern anbiedern, weil sie nicht vergessen haben, daß Distanz zum Thema der Berichterstattung eine große journalistische Tugend ist.

Im Herbst 1977 flog ich mit Michael Palme nach
Argentinien, um einen *Sport-Spiegel* über das Land zu
drehen, in dem ein Jahr später die Fußball-Weltmeisterschaft stattfinden sollte. Wir kamen ziemlich de-
primiert zurück. Uns war klar, daß die WM 1978 zu
politischen Zwecken übel mißbraucht werden würde.
Ein Jahr zuvor hatte eine Junta unter General Videla
durch einen Putsch die Perón-Witwe Isabel aus dem
Präsidentenamt gejagt, das Parlament aufgelöst, die
politischen Parteien verboten und der Presse einen
Maulkorb verpaßt. Der Junta kam das internationale
Fußballfest sehr entgegen – vor aller Welt konnte man
zeigen, wie friedlich es nach den Streiks und Unruhen
der letzten Jahre wieder zuging im Lande. Daß zugleich Hunderte von Menschen, am Ende sogar Tausende, spurlos verschwanden und, wenn überhaupt,
erschlagen oder erschossen aufgefunden wurden, davon wollten die Generäle natürlich nicht reden. Aber
jeder in Buenos Aires wußte es, und viele hatten Angst.

Im Sommer 1978 schrieb ich kurz vor der WM-Eröff-
nung unter der Überschrift »Mein Unbehagen mit Argentinien« aus Buenos Aires eine kleine Kolumne für
die Münchner Programmzeitschrift *Gong*. Ein paar Tage später erschien in der deutschsprachigen Presse der
Hauptstadt ein Nachdruck, garniert mit empörten Le-
serbriefen aus Deutschland. Noch einige Tage später
übernahmen die Landsleute vor Ort das Kommando,
darunter viele alte Nazis, die von der harten Hand der
Generäle begeistert waren. Sie empfahlen mir und

dem Kollegen Thomas Reimer vom Südwestfunk, der sich in einem anderen Blatt ähnlich geäußert hatte, beim abendlichen Stadtbummel vorsichtig zu sein: mit Typen wie uns werde man schon fertig.

Diese Drohungen machten auch in Deutschland Eindruck, wenn auch nicht den, den ich mir gewünscht hätte. Unangemeldet kam eines Morgens ein Österreicher in mein Hotelzimmer, der sich Michael Jeanné nannte und unverzüglich mit einem Verhör begann, das er offenbar für ein Interview hielt. Was ich denn gegen Argentinien hätte (Gar nichts.), wie ich dazu käme, in der deutschen Presse und auch in den WM-Übertragungen Stimmung gegen die Junta zu machen (Wir machen keine Stimmung; Kritik gehört zum Job; wir sind keine Werbeagentur für argentinische Generäle.) – in diesem Ton ging es zu in meinem Zimmerchen, bis ich den aufdringlichen Herrn rausschmiß.

Am Wochenende darauf erschien in *Bild am Sonntag* ein zwei Seiten langer Artikel mit der Überschrift »Was haben Sie gegen Argentinien, Herr Friedrichs?« So etwa stand es auch in der Maulkorb-Presse von Buenos Aires.

Nordkorea, 1979

Es wurde damals kaum beachtet (und blieb auch
ziemlich folgenlos), aber schon Ende der siebziger Jahre unternahm die Volksrepublik Korea einen ersten,
zaghaften Versuch, die Tür zur Welt einen winzigen
Spalt zu öffnen. Bis dahin war das Land im nördlichen
Teil der koreanischen Halbinsel unzugänglich wie
kein anderer bewohnter Teil der Erde. Selbst innerhalb des Ostblocks, in dem Fremde, Nichtkommuni-
sten zumal, auch nicht gerade mit offenen Armen aufgenommen wurden, spielte Nordkorea die Rolle des
Außenseiters. Es lebte in strenger, selbstgewählter Iso-
lation, ideologisch den roten Herren in Moskau und Peking verbunden, aber, je nach politischer Großwetter-
lage, mal mehr den einen, mal den anderen zugetan.
Ob politische Überlegungen oder eher wirtschaftliche
Gründe ausschlaggebend waren, blieb unklar, jedenfalls beschloß 1979 der »Geliebte Führer« Kim Il Sung,
sein Land vorübergehend einer größeren Öffentlichkeit zugänglich zu machen. Als Vehikel wählte er den
Sport: Nordkorea bewarb sich um die Austragung der
Tischtennis-Weltmeisterschaften.

Doch die Zustimmung des Weltverbandes hatte ihren Preis. Nordkorea mußte sich verpflichten, neben
den Sportlern und Funktionären aus dem Ausland auch
Journalisten ins Land zu lassen.

Dazu gehörten Rüdeger Luding, der Tischtennis-Experte des ZDF, Hermann Engel, ein Kameramann mit großer Asienerfahrung, Benno Müller und ich. Wir drei machten uns also über Moskau auf den Weg. Kurz vor der Landung in der Hauptstadt Pjöngjang sah ich kurz aus dem Fenster der Aeroflot-Ilyuschin – und glaubte, mein letztes Stündchen sei gekommen. In dichtem Nebel riß der Pilot die Maschine plötzlich himmelwärts, und ein paar Schrecksekunden später wußte ich, warum: Vielleicht achtzig, hundert Meter unter uns tauchten vereinzelt Bäume auf. Sie standen auf der Kuppe eines Berges, mit dem unser Kapitän offenbar nicht gerechnet hatte. So aufregend wurde es danach nie mehr, aber spannend ist es geblieben.

Am Flughafen in Pjöngjang empfing uns ein hochgewachsener, vielleicht fünfzigjähriger Koreaner, der uns in den nächsten beiden Wochen begleiten sollte. Er hieß Kim – wie sonst? – und sprach hervorragend Deutsch. Er hatte es in der Hauptstadt gelernt und später noch ein halbes Jahr bei einer UN-Behörde in Wien gearbeitet. Am Revers trug er ein kleines Medaillon mit dem Porträt des »Geliebten Führers« Kim Il Sung, wie buchstäblich alle Koreaner und Koreanerinnen, denen wir während unseres Aufenthaltes begegnen sollten.

Das Hotel, ein neuer, zwölf Stockwerke hoher Betonklotz, stand in einem Park am Rande der Innenstadt. In der Halle zog der Direktor unseren Begleiter Kim auf die Seite und flüsterte ihm etwas ins Ohr. Es sei etwas sehr Peinliches passiert, erklärte uns Kim. Statt der vier zugesagten Zimmer der Kategorie A sei nur eines verfügbar; drei aus unserem Team müßten leider mit der Kategorie B vorliebnehmen. Es stellte sich heraus, daß Kategorie A ein Schlaf-, ein Speise- und ein Arbeitszimmer bedeutete, dazu einen Salon, einen Ankleideraum, eine Küche und zwei Bäder. Luding, Engel und Müller saßen dagegen in je drei Zimmern plus Bad fast schon beengt.

Am Abend – Kim war bereits gegangen – bummelten wir durch den Park in Richtung Innenstadt. Als wir in eine der breiten, völlig verlassenen Straßen einbogen, traten nach wenigen Augenblicken wie auf Kommando Männer und Frauen aus den Hauseingängen. Sie murmelten uns Unverständliches und bedeuteten durch abweisende Gesten, daß man uns auf der Straße nicht haben wolle, daß es besser sei, wir gingen zurück ins Hotel. Wir waren in Huxleys *Schöne neue Welt* geraten.

Die Weltmeisterschaften wurden live in die ganze Welt übertragen, für Deutschland hatte das ZDF die Fernsehrechte erworben. Kollege Luding kümmerte sich um den sportlichen Teil unserer Reise, ich begann, Kim nach Möglichkeiten einer Fahrt quer über die Halbinsel an die Ostküste auszuforschen. Die Genehmigung kam erstaunlich schnell, und zwei Tage nach unserer Ankunft stiegen Engel, Müller und ich zu Kim in eine chinesische Limousine und machten uns auf die Reise durch ein Land, das für Korrespondenten aus dem Westen bis dahin nichts als ein weißer Fleck gewesen war.

Die großen Männer der proletarischen Weltrevolution – Mao, Stalin und im zweiten Glied auch Kim Il Sung – stammten zumeist vom Lande und aus ärmlichen Verhältnissen. Die Gläubigen wissen das zu würdigen. Die einfache Herkunft schafft Solidarität mit den Massen und zeigt, zu welch ungeahnten Höhen der Macht und der Verehrung aufsteigen kann, wer die revolutionären Ziele früh entdeckt und nie aus den Augen verliert. Die Geburtshäuser der roten Mandarine sind zu Pilgerstätten geworden, auch das des Kim Il Sung. Es steht im Dorf Mangjongdae, nicht weit von der Hauptstadt. Über vierzig Jahre lang übte der Diktator seine unumschränkte Alleinherrschaft aus, war er in den Augen seiner Untertanen die gottähnliche Personifizierung der Volksrepublik. Daß die Anbetung des »Großen Führers« durch die Wallfahrer rings um Kims Geburtshaus hysterische Züge tragen würde, hatten wir erwartet. Aber daß wir dieser Hysterie immer wieder begegnen sollten, wenn wir in den nächsten Tagen irgendwo aus dem Auto stiegen, das hatte uns niemand gesagt. In der landwirtschaftlichen Genossenschaft, in der Kleinfabrik für Baubeschläge, auf der Traktorenstation – wir konnten fragen, was wir wollten: Immer erfuhren wir, daß der Große Führer für die Aussaat weise Ratschläge gegeben, die Baupläne für die Schule inspiriert, die Anschaffung der Ackerschlepper organisiert und finanziert habe. Unser Dolmetscher Kim gab diese Informationen, um die wir gar nicht gebeten hatten, scheinbar unbeteiligt an uns weiter. Ich mag mich täuschen, aber ich glaube, innerlich hat er sich über dieses stets gleiche byzantinische Ritual lustig gemacht. Wir waren schließlich nicht die ersten Langnasen in seiner Obhut; er wird die Skepsis der Fremden gekannt, vielleicht sogar geteilt haben.

Dichter Verkehr gehört nicht zu Nordkoreas Problemen. Meist war unsere Limousine das einzige Fahrzeug weit und breit. Wohin wir auch kamen – sobald unser Wagen am Horizont auftauchte, ließen die Bauern links und rechts auf den Feldern ihr Werkzeug fallen, griffen zu Fähnchen und winkten uns begeistert zu. Offenbar war in den Wochen vor der Tischtennis-WM das ganze Land vergattert worden, zu grüßen, zu jubeln, wann immer Fremde des Weges kamen.

In der Hafenstadt Wonsan am Japanischen Meer bat uns Kim, keine Aufnahmen zu machen, und schon gar nicht auf der Küstenstraße auf dem Weg nach Süden. Der Grund wurde uns bald klar. Die ganze Ostküste – das sind Hunderte von Kilometern – ist durch mehrfach gestaffelte Stacheldrahtzäune gesichert. Nachts werden sie angestrahlt. Nicht, um eine Invasionsarmee abzuwehren, wie uns Kim erklärte – das sei mit Draht und Betonpfeilern nicht zu erreichen –, sondern um Saboteure fernzuhalten: Froschmänner, Kampfschwimmer, imperialistische Agenten. Gefilmt hat Hermann Engel die Anlagen dann doch, als ich Kim bei einer Rast in ein langes Gespräch verwickelte. Kim muß es gemerkt haben, gesagt hat er nichts.

Weit vor Kosong, einer Stadt an der Grenze zu Südkorea, begann das Aufmarschgebiet der nordkoreanischen Armee. Ein Festungsgürtel, gut zwanzig Kilometer breit, in dem nur noch Soldaten und militärische Anlagen das Bild bestimmten. Zivilisten sahen wir erst wieder, als wir in einem kleinen Kurort in den Bergen eine komfortable Herberge bezogen. In meinem Zimmer stand eine Minibar. Eine angebrochene Flasche Hennessy war darin, Tonic-Wasser und Coca-Cola. Ich frage mich noch heute, welcher Art (und Nationalität) wohl die Gäste waren, die in der Abgeschiedenheit der nordkoreanischen Provinz französischen Cognac getrunken haben. Ich frage mich auch, was das Regime bewogen haben könnte, einem Fernsehteam aus der kapitalistischen Welt einen Ausflug in den sensibelsten Bereich des Landes zu gestatten, in das Grenzgebiet zu Südkorea.

Kollege Luding hatte derweil in der Hauptstadt Pjöngjang gut organisierte Weltmeisterschaften erlebt und jeden Tag problemlos darüber berichten können. Der Personenkult um den »Geliebten Führer« war auch in der Sporthalle unübersehbar geworden – bei nordkoreanischen Siegen sprangen die Besucher auf und feierten den Mann, der, wie alles andere, auch die sportlichen Erfolge zuwege gebracht hatte. Das ganze Ausmaß dieser Hysterie zeigte sich im Frühjahr 1994 in den Fernsehübertragungen nach Kim Il Sungs Tod. Weinend und schreiend gebärdeten sich Millionen, als sei ihnen soeben das Liebste genommen worden. Vielleicht war es ja auch so. Laut Statistik sind rund 70 Prozent der Nordkoreaner konfessionslos. Das kann nicht stimmen. Nordkorea hat eine Staatsreligion, ihr Gott heißt Kim Il Sung. An ihn, so scheint es jedenfalls, glauben sie alle, hundert Prozent.

Moskau, 1980

Die Olympischen Spiele 1980 in Moskau waren eine große Enttäuschung für alle. Zuallererst natürlich für die sowjetischen Gastgeber, weil die Spiele durch die Absage der großen Sportnationen des Westens (Großbritannien ausgenommen) viel von ihrem sportlichen Wert verloren hatten. Auch die Chance, über das Fernsehen Propaganda zu machen und die sozialistischen Errungenschaften in angenehmes Licht zu tauchen, war den Sowjets dadurch genommen. Für sportliche Veranstaltungen, an denen die eigenen Leute nicht beteiligt sind, interessieren sich nur wenige. Der gewaltige technische Aufwand für die Fernsehübertragungen war im Grunde verschwendet.

Umgekehrt hat der Boykott aber auch dem Westen nicht das gebracht, was viele sich davon versprochen hatten: ein schnelles Ende der sowjetischen Invasion in Afghanistan. Der Krieg dort ging zu Ende, weil die Rote Armee sich überschätzt hatte, weil die Verluste, die ihr die bärtigen Kämpfer in den Bergen beibrachten, so groß geworden waren, daß sie den Menschen zu Hause nicht mehr plausibel erklärt werden konnten. Die internationale Bloßstellung der Invasoren, der politische Druck durch den Olympia-Boykott trug wenig dazu bei.

Die amerikanische Regierung unter Ronald Reagan mußte sich vorwerfen lassen, genau das zu tun, was sie immer wieder den Kommunisten angekreidet hatte, nämlich den Sport zum Mittel der Politik zu machen. Die Retourkutsche kam vier Jahre später: Bei den Olympischen Spielen in Los Angeles fehlten, bis auf die Rumänen, die Sportler aus dem Ostblock.

Die Bundesregierung hatte dem westdeutschen NOK, wohl mehr aus Bündnistreue als aus Überzeugung, aber doch dringend empfohlen, es so zu machen wie die Amerikaner und in Moskau abzusagen. Das führte zu einem heftigen Streit in der deutschen Öffentlichkeit. Dennoch – die Westdeutschen blieben zu Hause.

Aber wenigstens das deutsche Fernsehen ging in Moskau an den Start, wenn auch mit gemischten Gefühlen. Im Jahr zuvor hatten wir uns in der Sowjetunion wohl gefühlt wie noch nie: ARD und ZDF übertrugen die Spartakiade, eine Art Miniatur-Olympia für die Sportjugend der sozialistischen Staaten. 1979 sollte sie als Generalprobe dienen für das große Fest der Völker im nächsten Jahr. Wir benutzten die Gelegenheit, um neben den Wettbewerben der Spartakiade auch das *Aktuelle Sport-Studio* aus Moskau zu übertragen: angesagt wurde es von einer Russin, deren Schönheit manche bis heute nicht vergessen haben. Wer mit Moskau ein wenig vertraut war, erkannte die Stadt in den Wochen der Spartakiade kaum wieder – so viele heitere Menschen hatte man nie gesehen, soviel Hilfsbereitschaft und sowenig Gängelung nie erlebt. Soviel Freiheit gab es nie. Wir wohnten, wo wir wollten – in Hotels natürlich, aber mitten in der Stadt. Bei herrlichem Sommerwetter drehten wir, was wir für richtig hielten. Wir fuhren ohne besondere Genehmigung mit unseren Autos weit aufs Land. In den Restaurants gab es immer einen freien Tisch und meist auch etwas Ordentliches zu essen und zu trinken. Die Jüngeren im ZDF-Team fanden am Stadtrand ein paar Diskos und freundliche junge Leute, mit denen es zu reden lohnte. Meine Sekretärin, die unvergleichliche (und unersetzliche) Romy Weichmann, hatte sich mit einer russischen Kollegin angefreundet, die wiederum eine wichtige Person im staatlichen Kulturbetrieb kannte – von zwanzig Tagen in Moskau saß Romy an fünfzehn Abenden im Bolschoi-Theater. Es war eine wunderbare Zeit – das meinten auch die Veteranen unter den Moskauer Korrespondenten.

Vielleicht war es zu schön. Die Stalinisten im System müssen angesichts des heiteren Treibens auf Straßen und Plätzen, in Stadien und Unterkünften kalte Füße bekommen haben. Jedenfalls war ein Jahr später alles gründlich anders. Ohne Propusk, ohne schriftliche Genehmigung, ging gar nichts mehr. Der Kommandoton war zurückgekehrt, und auf einmal sprach oder verstand kaum noch jemand eine fremde Sprache. Es wimmelte von Milizionären und anderen Uniformierten, die alles zu regeln versuchten und die allgemeine Konfusion meist noch größer machten, als sie ohnehin schon war. Die Journalisten aus dem Westen hatte man im Hotel *Kosmos* untergebracht, weit vor der Stadt. Es war zur Eröffnung der Spiele gerade noch rechtzeitig fertig geworden. Die Mühe hätte man sich sparen sollen – es war eine Kaserne, kein Hotel. Auf jeden Gast, so schien es, kam ein Uniformierter. Gründlich gefilzt von muffigen Milizionären wurde nicht nur jeder, der ins Haus kam, sondern auch jeder, der es verlassen wollte. Die freudlosen Spiele waren zur Pflichtübung geworden.

Moskau, 1992

Ich war noch einige Male in Moskau, zuletzt im Sommer 1992, um meinen Bruder Martin zu besuchen.

Meine Eltern hatten vier Kinder. Mein jüngster Bruder, der kurz vor dem Ausbruch des Krieges geboren wurde, starb 1966 bei einem Autounfall. Meine Schwester lebt seit Jahrzehnten in den USA. Mir am nächsten ist Martin, der auf den Spuren unseres Vaters einige Male nach Ventotene fuhr, die Gefängnisinsel in der Bucht von Neapel.

Eine Postkarte aus New York, aufgenommen am East River vor der Brooklyn Bridge – wegen des eindrucksvollen Hintergrunds unter Fernsehkorrespondenten ein beliebter Platz für Kamera-Aufsager aller Art.

Noch eine Postkarte, diesmal von der Chinesischen Mauer bei Peking. Ich gehörte 1979 zu einer ZDF-Delegation, die unter Leitung von Intendant Stolte einen Kooperationsvertrag mit dem chinesischen Fernsehen aushandelte.

1957 nach dem Ende der Dreharbeiten für *Durchbruch am Banihal* in Srinagar, der Hauptstadt von Kaschmir; in der Mitte der Maharadscha von Kaschmir vor seinem Palast, links Hans Walter Berg, der damalige Südostasien-Korrespondent der ARD.

Auf Ellesmere Island in der kanadischen Arktis, vor dem Abenteuer unseres Flugs zum Nordpol. Fünf Tage hatten wir in einer Nissen-hütte aus dem Zweiten Weltkrieg gewartet, bis endlich die Starterlaubnis kam.

Im Sommer 1972 in Vietnam vor einem der Unter-stände der süd-koreanischen Division, die auf seiten der Süd-vietnamesen gegen die Vietcong im Einsatz war.

Willy Brandt im *Aktuellen Sportstudio* im Frühjahr 1974. Auf die Torwand wollte Brandt nicht schießen. Das übernahm sein jüngster Sohn Matthias; zwei Treffer immerhin – das hat so mancher Bundesliga-Profi nicht geschafft.

Boris Jelzin (links) im Frühjahr 1990 im Studio der *Tagesthemen*. Seinen Aufstieg an die Spitze der russischen Republik hatte er noch vor sich. Nach Deutschland war er gekommen, um sein Buch *Aufzeichnungen eines Unbequemen* vorzustellen. Zweiter von links, der damalige Chefredakteur von ARD-aktuell, Henning Röhl. (© NDR/Röhrbein)

Links oben: Mit dem damaligen Bundeskanzler Helmut Schmidt 1981 in einem Hotelzimmer in Sanibel an der Golfküste von Florida. Schmidt verbrachte dort in der zweiten Dezemberhälfte ein paar Urlaubstage, die er wegen der obligaten Neujahrsansprache des Kanzlers nicht gern unterbrechen wollte. Mein ARD-Kollege Lothar Loewe (Mitte) und ich haben sie deshalb vor Ort aufgenommen.

Links: Mit dem ehemaligen britischen Premierminister Edward Heath (links) im Haus von Berthold Beitz in Essen.

1988 hatte ich das Vergnügen, meinen Moderatoren-Stuhl Prinzessin Diana anbieten zu können. Sie nahm die Offerte gerne an – und sagte nach einem »Thank You« kein einziges Wort mehr. Das Wort führte bei diesem Besuch allein Prinz Charles, und zwar ausschließlich im Gespräch mit Dagmar Berghoff, an der er, verständlich, offenkundig großen Gefallen fand. Dritter von rechts Edmund Gruber, damals Chefredakteur von ARD-aktuell. (© NDR/ Drischel)

Rechts: Kurz nach der Öffnung der Mauer, am Brandenburger Tor. Für ein paar Tage war ein Teil der *Tagesthemen*-Redaktion in eine Behelfsunterkunft am Reichstag umgezogen, weil unsere Sendungen in jenen Tagen nur ein Thema kannten: den Zusammenbruch der DDR und die Folgen. Daß die Vereinigung dazugehören könnte, war zunächst nicht mehr als eine vage Ahnung. (© ARD-aktuell)

Wer lange genug vor ein paar Millionen Menschen sein Tagwerk verrichtet und keine ganz groben Fehler macht, der kriegt, mit ein bißchen Glück, irgendwann auch mal einen Preis. Einer meiner ersten war 1987 der Sonderpreis der Eduard-Rhein-Stiftung, den mir der Stifter selbst überreichte: Eduard Rhein (Mitte), erfolgreicher Erfinder, Autor und viele Jahre Chefredakteur von HÖRZU. Rechts ein anderer Preisträger jenes Jahres, mein Kölner Lehrmeister Werner Höfer.

1988 in Berlin, die erste Goldene Kamera aus der Hand des WDR-Intendanten Friedrich Nowottny.

Martin studierte Medizin in Freiburg und Berlin und ging – vielleicht auch, weil ich damals in Amerika arbeitete – nach dem Staatsexamen zur Fortbildung für insgesamt sieben Jahre in die USA. Eine Weile haben wir in New York praktisch Tür an Tür gelebt. 1970 kehrte er nach Deutschland zurück, heiratete eine Kollegin und ließ sich als Internist in Bonn nieder. Irgendwann in den siebziger Jahren erhielt er eine Anfrage aus dem Auswärtigen Amt, ob er sich vorstellen könne, einmal im Monat für jeweils eine knappe Woche die medizinische Betreuung der in Moskau lebenden Deutschen zu übernehmen. Martin akzeptierte das Angebot, weil die Versorgung seiner Bonner Patienten durch seine Frau gesichert war. 1993 trennten sich die beiden. Martin überschrieb die Praxis seiner Frau und siedelte nach Moskau über, in den gerade fertiggestellten Neubaukomplex der Deutschen Botschaft auf den Leninhügeln.

Schon lange vor dem Umzug war ihm klargeworden, daß die medizinischen Probleme der in Rußland lebenden deutschen Diplomaten, Geschäftsleute, Journalisten und Studenten nicht sehr gravierend sind, gemessen an der Not, in die Einheimische geraten, wenn sie krank werden. Es gibt viele hervorragende Ärzte in Moskau, aber kaum Krankenhäuser, deren Ausstattung sich mit der westeuropäischer Kliniken, auch kleinerer, vergleichen ließe. Es fehlt an den einfachsten Dingen, vor allem aber an Medikamenten. Eine leistungsfähige pharmazeutische Industrie konnte oder wollte die große Sowjetmacht nie auf die Beine stellen; bei hochwertigen Arzneien ist das neue Rußland, wie die alte Sowjetunion, fast vollständig auf teure (und in den meisten Fällen unbezahlbare) Westimporte angewiesen.

An dieser Misere wird sich auch in den nächsten Jahrzehnten nicht viel ändern. Aber besser als gar keine ist punktuelle Hilfe allemal, und so beschloß Martin, wenigstens einer kleinen Gruppe von Kranken eine wirkungsvolle Therapie zu sichern. Er fand sie in der Leukämie-Abteilung des größten Moskauer Kinderkrankenhauses, einem riesigen, relativ modernen Gebäudekomplex am Rande der Stadt, der allerdings schon deutliche Spuren des Zerfalls trägt. Etwa hundertfünfzig Kinder, die jüngsten zwei, drei Jahre alt, die ältesten sechzehn bis siebzehn, werden dort stationär behandelt. Wenn die Medikamente für die aufwendige und langwierige Chemotherapie beschafft werden können, haben die meisten der kleinen Patienten eine gute Chance, innerhalb von zwei Jahren geheilt zu werden. Wenn nicht, werden sie sterben. Das sind, in brutaler Schlichtheit, die beiden Möglichkeiten.

Die Zentrale der Johanniter-Unfallhilfe in Bonn hat Martin von Anfang an unterstützt. Aber sie hat viele Verpflichtungen in vielen Teilen der Welt – allein kann sie das Moskauer Leukämie-Projekt nicht finanzieren. Und deshalb hat mein Bruder immer wieder versucht, auch andere Quellen zu erschließen, in der Hoffnung, wenigstens den Kindern in seiner Obhut die Chance auf ein normales Leben zu sichern.

Zu denen, die von dieser karitativen Unternehmung nichts wissen konnten, gehört Hubertus Wald, ein wohlhabender Kaufmann in Hamburg und ein alter Freund. Bei einem Abendessen zu viert in der *Auberge Française* kam unser Gespräch kurz und eher beiläufig auf Martin und das, was er in Moskau macht. Hubertus und seine Frau Renate hörten voller Interesse zu, später sprachen wir noch über tausend andere Dinge. Auf dem Weg zum Taxi nahm mich Hubertus zur Seite und sagte zu meiner völligen Verblüffung: »Ich finde es großartig, was dein Bruder da macht. Ich werde ihm eine halbe Million geben.« Ich konnte das zunächst nicht glauben, wußte aber, daß mein Freund mit solchen Sachen keine Scherze macht. Und ein guter Scherz wäre es ja auch nicht gewesen.

Am nächsten Morgen klingelte das Telefon – Hubertus rief an, um mir zu versichern, daß es ihm mit seinem Angebot am Vorabend selbstverständlich ernst sei. Und so kam es, daß die vier aus der *Auberge* drei Wochen später in einem Flugzeug nach Moskau saßen und einer davon einen Scheck über DM 500 000 in der Tasche trug.

Keiner von uns war je auf einer Krebsstation gewesen. Gemildert wurde der Schock der Begegnung mit den wachsbleichen Gesichtern der Kinder durch den Gedanken, daß wenigstens dieser kleinen Gruppe der Tod durch Blutkrebs aller Voraussicht nach erspart bleiben würde. Beeindruckt hat uns auch das Engagement der jungen Ärzte und Pflegerinnen, die, meist mit völlig veralteten Geräten, klaglos zwölf Stunden arbeiten und danach oft noch einmal zwei, drei Stunden unterwegs sind, um per Bus, Vorortzug oder Fahrrad nach Hause zu kommen. Keiner hat ein Auto, keiner ein Motorrad. Und keiner von ihnen verdiente 1992 mehr als umgerechnet 100 Mark.

Weil Raissa Gorbatschowa zum Kuratorium der Kinderklinik gehört und ihrem Mann offenbar von der großherzigen Spende der Walds erzählt hatte, bestand Michail Gorbatschow darauf, den beiden persönlich die Hand zu drücken. Er empfing unsere kleine Delegation in dem Gebäude, in dem die von ihm geleitete Stiftung untergebracht ist, dankte Hubertus und seiner Frau, zugleich auch den vielen anderen Deutschen, die auf diese oder jene Weise versuchen, wenigstens punktuell denen zu helfen, die ohne Hilfe verloren wären. Mit dem sanften Ton war es vorbei, als Gorbatschow auf den Putsch zu sprechen kam, der auf den Tag genau ein Jahr zuvor niedergeschlagen worden war. Unglaublich, wie hemmungslos Boris Jelzin sich jetzt für seine historische Rolle feiern lasse, ohne ihm im Fernsehen auch nur eine Minute für eine Darstellung seiner Sicht zu reservieren, empörte sich Gorbatschow. Er müsse, soweit sei es gekommen, jetzt westliche Medien benutzen, wenn er der Öffentlichkeit, der russischen wie der internationalen, etwas mitzuteilen habe. Dabei blitzten seine Augen; wir konnten ahnen, wie es in früheren Jahren denen zumute gewesen sein muß, die ihm am Tisch gegenübersaßen und anderer Meinung waren als er.

196

Der Chefredakteur

Ende der siebziger Jahre wurde es mir immer klarer: Ich war dabei, am Sport den Spaß zu verlieren – genauer gesagt, am Zwang, mich Tag für Tag mit nichts anderem beschäftigen zu müssen als mit Fragen des Sports. Im Sommer war mein Freund Gustav Trampe aus dem Bonner ZDF-Studio als Korrespondent nach New York gegangen. Ich habe ihn beneidet und mir gewünscht, mir meine Arbeit auch wieder mehr nach Neigung aussuchen zu können und nicht an ein Ressort gebunden zu sein, das, wenn auch in vielen Variationen, doch immer das gleiche Thema behandelt. Dazu kam eine immer stärker werdende Entfremdung zum damaligen ZDF-Chefredakteur Reinhard Appel. In der Redaktion hat das zunächst kaum einer gemerkt; ich galt als Appel-Fan, und eine Weile war ich das ja auch. Für eine gute Beziehung schien außerdem zu sprechen, daß Appel mich mit der Jovialität eines wilhelminischen Gutsherren stets »Hajo« nannte. Ich wäre nie auf den Gedanken gekommen, ihn – wir sind gleich alt – mit »Reinhard« anzureden.

Appel war, bevor er 1976 sein Amt in Mainz antrat, der Wunschkandidat einer Gruppe von drei Redakteuren, von denen jeder eine Hauptabteilung leitete und die mit ihrem neuen, unmittelbaren Vorgesetzten, dem Chefredakteur also, ganz bestimmte Vorstellungen verbanden. Von den Namen, die damals im Gespräch waren, schien Appel sie mehr als jeder andere zu erfüllen. Die drei Redakteure, das waren Horst Schättle, Leiter der Innenpolitik, Hanns Werner Schwarze, Chef des ZDF-Studios in Berlin, und ich; wir kannten und schätzten Appel als Leiter vieler politischer Sendungen aus Bonn und auch als umgänglichen Kollegen. Appel war inzwischen Intendant des Deutschlandfunks geworden und hatte das Angebot aus Mainz bereits abgelehnt. Wir verfaßten einen Brief, in dem wir ihn baten, seine Entscheidung noch einmal zu überdenken. Das hatte die Wirkung, die wir uns wünschten: Appel kam zum ZDF. Wie er uns später sagte, auch deshalb, weil wir drei ihn dazu aufgefordert hatten.

Aus dem Trio der Briefschreiber begann ich als erster daran zu zweifeln, ob es wirklich eine gute Idee war, sich Appel als Chefredakteur zu wünschen. Nach etwa einem halben Jahr merkte ich, daß er mit mir nicht viel anfangen konnte. Das mochte an meinem Habitus liegen, vielleicht an der Art, in der ich damals lebte – Junggeselle, Porschefahrer, viel unterwegs, meist in angenehmer Gesellschaft. Aber auch die relative Bedeutungslosigkeit meines Ressorts hat dabei vermutlich eine Rolle gespielt. Mit Sport, der Spielzeugabteilung des Lebens, ist in Bonn kein Staat zu machen – das ist bestenfalls eine Sache für den Feierabend oder fürs Wochenende. Gewicht, Prestige, politische Relevanz hat Sport in der Bonner Szene natürlich nicht. Für einen, der darüber entscheiden kann, welche Säule des Bonner Establishments angestrahlt wird und welche im Dunkel bleibt, gibt der Sport nicht viel her.

Bonn aber war Reinhard Appels Welt. Da kannte ihn jeder, viele mochten ihn – er kann einen bemerkenswerten Charme entwickeln – und bemühten sich um ihn. Es konnte nicht schaden, mit einem einflußreichen Mann vom Fernsehen auf gutem Fuß zu stehen. Appel hat seine Fernsehkarriere von der SPD zwar immer wieder ein bißchen anschieben lassen – sein großer Gönner war Willy Brandt –, aber der Mann einer Partei wollte er nie sein. Das ist ehrenhaft, hat aber bei Appel mit furchtloser Unabhängigkeit nicht viel zu tun – die hätte sich ja irgendwann mal zeigen müssen. An eine solche Demonstration, etwa um den Preis eines handfesten Krachs mit einer Figur oder einer Gruppierung auf der Bonner Bühne, kann ich mich nicht erinnern. Das legendäre Fiasko einer von ihm geleiteten Diskussion zwischen Helmut Kohl und einem Saal voller streitbarer Niederländer im Rahmen der Reihe *Bürger fragen, Politiker antworten* hat Appel tief getroffen. Er trug schwer am Zorn des damaligen Oppositionsführers. Aber bald wurde ihm verziehen, und über dem Rhein ging wieder die Sonne auf.

Appels Schwammigkeit erklärt sich nach meiner Ansicht aus seiner Furcht, jede Art von Engagement könnte die Erfüllung seines Herzenswunsches erschweren, nämlich von allen, die Macht haben, stets geliebt, häufig eingeladen, mindestens aber gegrüßt zu werden. Appels Ästimationsbedürfnis ist grenzenlos.

Es kann allerdings hinderlich sein, wenn die politische Kontroverse zum Thema der Berichterstattung wird. Dann muß der journalistische Beobachter gelegentlich Stellung beziehen, einen Standpunkt vertreten – wenn er einen hat. Für eine solche Profilierung des Programms ist in der Hierarchie der Funkhäuser am Ende der Chefredakteur zuständig. Doch diese Aufgabe schien Appel zu überfordern. Er war bis zum Schluß ein Prophet der Ausgewogenheit, der brotlosen Kunst, es allen recht zu machen. Ich weiß bis heute nicht, was er gemeint hat, wenn er auf jeder Redaktionskonferenz für jedes Problem stereotyp die »journalistische Lösung« verlangte. Reine Rhetorik – er hätte sie ja haben können.

Daß Appel das Medium Fernsehen und seine Möglichkeiten im Grunde nie verstanden hat, will ich ihm nicht vorwerfen. So geht es auch ein paar anderen Hierarchen; die aber machen sich meist die Phantasie ihrer Mitarbeiter zunutze, wenn sie schon selber keine haben. Mich hat an Appel vor allem sein Opportunismus gestört. Weil er hierarchisch am längeren Hebel saß, konnte nur ich es sein, der ging, als es in Mainz für beide zu eng geworden war. Der Zufall wollte es, daß Gustav Trampe sich im Frühjahr 1981 für den Posten des EG- und NATO-Korrespondenten in Brüssel interessierte, der ganz plötzlich vakant geworden war. Trampe bekam den Zuschlag und kehrte nach Europa zurück. Ich ging an seiner Stelle und mit Appels Segen wieder nach New York.

Chili mit Uli

Eine alte Korrespondenten-Regel sagt: Geh nie für längere Zeit an einen Ort zurück, an dem du schon einmal für längere Zeit gewesen bist. Sie hat viel für sich. Als ich im Sommer 1981 in New York ankam, war Rudolf Rohlinger, der ARD-Korrespondent, gerade dabei, nach Köln zurückzukehren. Für ihn kam ein paar Wochen später, direkt aus Paris, Ulrich Wickert, der von da an in meinem Leben auf vielfache Weise eine Rolle spielen sollte. Wir trafen uns, wenn wir in der Stadt waren, zwei-, dreimal in der Woche in einer irisch-mexikanischen Kneipe an der 8. Avenue. Wickert kannte New York von ein paar Besuchen. Jetzt aber war er Korrespondent, zu Hause in einer Stadt, die zugleich sein Thema war.

In der ersten Zeit habe ich mich ein bißchen amüsiert über die Begeisterung, mit der er mir von seinen Entdeckungen erzählte. »Stell dir vor«, sagte er eines Tages bei einer Schale Chili-Bohnen, »ich habe gestern im Central Park junge Leute getroffen, die führen anderer Leute Hunde aus, an ganz langen Leinen, acht, neun verschiedene Hunde. Damit finanzieren sie ihr Studium. Ist das nicht toll? Ich habe daraus gleich eine Story gemacht.«

Ich kannte die Geschichte von den Hundebetreuern, ich hatte darüber selber schon ein Filmchen gedreht, vor vierzehn Jahren. Nie wäre ich auf den Einfall ge-

kommen, es noch einmal zu tun. Aber es war gut, daß
Uli die Hundestory machte – ich war partiell blind geworden. Viele Dinge nahm ich nicht mehr wahr, weil
ich mich an sie gewöhnt hatte. Ich konnte nicht mehr
staunen wie einer, der gerade angekommen war, ich
hatte meine Neugier verloren. Das will die Regel sagen,
die vor der Rückkehr warnt. (Mit roten Ohren habe ich
später gehört, daß Ulis Hundegeschichte die Zuschauer in Deutschland sehr amüsiert hat.)

Reagans Amerika

Die Achtziger waren Ronald Reagans Jahre. Eine
Welle patriotischer Begeisterung hatte einen Populi-
sten ins Weiße Haus getragen, der sich wie kein anderer darauf verstand, ein Grundbedürfnis der Menschen
zu befriedigen: auf komplizierte Fragen einfache Antworten zu finden. Weniger Steuern? Kein Problem, die
»Trickle-Down-Theorie« wird es richten. Sie geht, ver-
einfacht gesprochen, so: Durch massive steuerliche
Entlastung, vor allem der Wirtschaft, werden gewaltige
Geldmengen freigesetzt, die, klug investiert, das Wachs-
tum fördern, den Konsum verstärken und allmählich
die soziale Pyramide hinabperlen, eben hinuntertrik-
keln, bis jeder etwas davon hat. (Selbst Reagans Vize

George Bush nannte das »Voodoo-Economics« – eine Milchmädchenrechnung nach Art der afrikanischen Geisterbeschwörer.)

Auch außenpolitisch traf Reagan den Nerv seiner Landsleute. Nach dem schlappen Internationalisten Jimmy Carter sehnten sich viele Amerikaner nach einer Demonstration der Stärke. Der stramme Antikommunist Reagan reagierte mit SDI, der »Strategic Defence Initiative«, dem Szenario vom Krieg der Sterne. Es werde die Sowjetunion, die Macht des Bösen, das Fürchten lehren. Das ist zu einem Teil gelungen (mit ihren Ängsten waren die Sowjets allerdings nicht allein), aber um einen horrenden Preis. Was tut der Staatsmann, der soeben die Steuern gesenkt hat, wenn sich herausstellt, daß er zur Finanzierung seines Lieblingsprojekts riesige Summen braucht? Er leiht sich das Geld. In den acht Jahren seiner Amtszeit hat Präsident Reagan die amerikanische Staatsverschuldung glatt verdoppelt. Aber dem amerikanischen Wähler geht es wie den meisten anderen: Staatsschulden, das ist ein nebulöser Begriff. Im privaten Haushalt spielen sie keine Rolle. Aber bezahlt werden müssen sie doch. Und wie? Über die Steuern natürlich – die Deutschen erleben das gerade. In den USA hat sich die Erkenntnis, daß auch staatliche Schulden vom Steuerzahler abgetragen werden müssen, erst durchgesetzt, als Ronald Reagan seinen zweiten Wahlsieg bereits in der Tasche hatte.

Grenada

Als die USA wieder einmal militärische Stärke demonstrierten, war ich dabei – in Grenada. Die hübsche kleine Gewürzinsel im Karibischen Meer hatte seit 1979 eine marxistische Regierung, die enge Beziehungen zu Castros Kuba unterhielt. Als die Kubaner für ihre sozialistischen Brüder auf Grenada einen neuen, riesigen Flughafen bauten – angeblich um mehr Touristen auf die Insel zu locken –, wurde die Regierung in Washington nervös. Der Flugplatz hatte tatsächlich Dimensionen, die für den reinen Fremdenverkehr unangemessen waren. Und so entstand der Verdacht, daß er militärischen Zwecken dienen sollte und Grenada damit zu einem weiteren Stützpunkt der Kommunisten in Amerikas Hinterhof werden könnte. 1983 kam es unter den regierenden Marxisten auf Grenada zu einem blutigen Streit. Bei einem Putsch wurde Ministerpräsident Maurice Bishop von seinen Genossen an die Wand gestellt und erschossen. Washington nutzte das Chaos der nächsten Tage, um die karibischen Störenfriede auszuschalten. Unter dem Vorwand, auf Grenada lebende US-Bürger in Sicherheit bringen zu müssen – es ging dabei vor allem um amerikanische Studenten, die in der Hauptstadt Saint George Medizin studierten –, gab das Pentagon den Befehl zur Invasion. Sie ging an den ersten beiden Tagen ohne journalistische Beobachter vonstatten: Das Pentagon hatte aus dem Vietnam-Konflikt gelernt. Dessen Ende war erheblich beschleunigt worden durch die Fülle der unzensierten Bilder und Berichte, die Tag für Tag an die amerikanische Öffentlichkeit drangen. Die Strategen im Pentagon beschlossen, daß es eine militärische Aktion ohne Zensur nie mehr geben dürfe. Grenada sollte die Probe aufs Exempel sein.

Mit meinem Kameramann Michael Buth saß ich drei Tage auf der Nachbarinsel Barbados, bevor auch Ausländer die Genehmigung bekamen, nach Grenada zu fliegen. Die amerikanischen Kollegen hatte man einen Tag früher einreisen lassen. Was Buth und ich auf Grenada sahen, war totales Chaos. Angerichtet hatten es aber nicht allein die Putschisten, sondern auch die Amerikaner. Auf nennenswerten Widerstand war die Invasionsarmee nicht gestoßen, es hatte ein paar Schießereien mit kubanischen Bauarbeitern am Flughafen Point Salines gegeben; danach trat Ruhe ein. Wer aber die GIs in ihren grünen Tarnanzügen sah, die Gesichter schwarz verschmiert, bis an die Zähne bewaffnet und immer schußbereit, der mußte annehmen, die Insel sei übersät mit Widerstandsnestern. Vielleicht gehört es ja zur Taktik amerikanischer Generäle, ihre Soldaten so furchterregend auftreten zu lassen, daß dem Gegner vor Schreck die Waffen aus den Händen fallen.

Die Eroberung Grenadas hätte für eine Weltmacht wie die USA im Grunde nicht mehr sein dürfen als eine Mickey-Mouse-Affäre. Aber auch derartiges ist offenbar nicht leicht zu planen. So muß am ersten Tag der Invasion allerhand schiefgegangen sein. Die Öffentlichkeit erfuhr erst spät davon, Reporter waren ja nicht dabei. Der Washingtoner Journalist Hedrick Smith beschreibt in seinem Buch *The Power Game* die Konfusion innerhalb der US-Streitkräfte. Für die »Rangers« im Süden der Insel und für die »Marines« im Norden habe es keine gemeinsame Kommandozentrale gegeben. Weil der Funkverkehr nicht koordiniert gewesen sei, hätten die Artillerie-Offiziere mit dem Hubschrauber hinaus aufs Meer fliegen müssen, um von Bord der Kriegsschiffe vor der Küste das Feuer zu dirigieren.

Im abschließenden Bericht des Pentagon über die Invasion findet sich eine haarsträubende Geschichte. Aus Verzweiflung über die Löcher im Funknetz habe ein Armee-Offizier mit Hilfe seiner Kreditkarte und eines privaten Telefons bei seiner Garnison in North Carolina angerufen und dort sein Büro damit beauftragt, über das Hauptquartier der Streitkräfte den Navy-Einheiten in der Bucht vor seiner Nase ausrichten zu lassen, daß er Feuerschutz brauche.

Einmal traf ich auf eine Jeep-Besatzung, die sich offenbar verfahren hatte. Über eine Karte gebeugt, suchte sie nach dem richtigen Weg. Die Karte war Teil eines Werbeprospekts der Fremdenverkehrszentrale von Grenada, wie er damals in jedem New Yorker Reisebüro auslag.

Veränderungen

Wer wenigstens in groben Zügen erst einmal verstanden hat, wie das Leben in Manhattan funktioniert, der sollte keine Schwierigkeiten haben, sich selbst nach längerer Abwesenheit schnell wieder zurechtzufinden. So ging es im Sommer 1981 auch mir.

Nicht jede Veränderung empfand ich als Verbesserung. Das *Hickory House,* eine Jazzkneipe an der 53. Straße, von deren Bar ich bewundernd zu Erroll Garner, George Shearing, Marian McPartland und anderen Pianovirtuosen aufgeblickt hatte, war ein spießiges Fischlokal geworden. Ein paar alte Freunde hatten sich aufs Land zurückgezogen, andere waren nach Europa zurückgekehrt; Charles Wheeler zum Beispiel, der ein paar Jahre BBC-Korrespondent in Washington gewesen war. In der chinesischen Wäscherei, in der meine Hemden früher von Hand geplättet wurden, stand jetzt eine Bügelmaschine. Der »Shoe Shine« kostete inzwischen einen Dollar fünfzig, mit Trinkgeld zwei. Nur ein Narr fuhr ein eigenes Auto – was die Garagen für einen Tag verlangten, reichte anderenorts für die halbe Monatsmiete. Überhaupt war das Leben teuer geworden, jedenfalls für Deutsche, die für einen Dollar zeitweilig über drei Mark bezahlen mußten. Aber sonst war New York, wie es immer war: zu heiß im Sommer, zu kalt im Winter, zu laut am Tage wie in der Nacht, dreckig, hektisch und rüde. Zugleich war es die aufregendste Stadt der Welt, eine *Wunderbare Katastrophe* – so hat Sabina Lietzmann, die Kulturredakteurin der FAZ, ihr Buch über New York genannt.

Eines hatte sich entscheidend geändert: die Arbeitsweise der Fernsehkorrespondenten. Film brauchten sie nicht mehr; auch keine Kopieranstalt, in der entwickelt wurde, was vorher aufgenommen worden war. Es gab auf einmal keine Schneidetische mehr, keine aufwendigen Mischungen von Bild und Ton. Auf Kassetten zeichneten die neuen Kameras auf, was früher die Emulsion des Films festgehalten hatte. An die Stelle der Chemie war die Physik getreten. Jede Aufnahme ließ sich sofort reproduzieren. Wer wissen wollte, ob eine Einstellung gelungen war, konnte sie sich anschauen und, wenn nötig, wiederholen. Der Schnitt hieß nur noch Schnitt – Schneidewerkzeug wurde nicht mehr gebraucht. Von der Mutterkassette kopierte der Cutter auf ein frisches Band, was im jeweiligen Beitrag untergebracht werden sollte. Wenn es ganz schnell gehen sollte, wenn auch ein »Aufsager« genügte oder ein Gespräch mit dem Moderator daheim im Studio, dann stellte sich der Korrespondent einfach vor eine elektronische Kamera und erzählte, was er zu sagen hatte.

Theoretisch war das auch damals schon von jedem beliebigen Ort der Erde aus möglich; in der Praxis aber waren wir in den frühen achtziger Jahren an feste Installationen gebunden, an ein Studio oder ein voll verkabeltes Büro. Die Miniaturisierung der Technik war noch nicht soweit. Erst seit ein paar Jahren gibt es SNG,

»Satellite News Gathering«; der Begriff steht für kleine, kompakte Einheiten, deren Bestandteile sich in ein paar Koffer packen und mühelos in die ganze Welt transportieren lassen. Sie sind inzwischen für jedes Informationsprogramm, das etwas auf sich hält, eine Selbstverständlichkeit. Die Trennung von Bild und Ton war aufgehoben und damit auch die Sorge um die Synchronität der beiden Elemente. Es war für die Branche eine Revolution.

Es gab aber noch eine zweite, nicht weniger bedeutsame Revolution. Nachrichtensatelliten hatten es möglich gemacht, Fernsehbilder mit kaum wahrnehmbarer Verzögerung von einem Ort zum anderen zu übertragen. Nötig für Sendung und Empfang waren lediglich zwei auf einen bestimmten Satelliten ausgerichtete Schüsselantennen. Der Unterschied in den drei Fernsehnormen – PAL im größeren Teil Europas, SECAM in Frankreich und Teilen des früheren Ostblocks, NTSC in den USA, Japan und in anderen Staaten Asiens – wurde bei der »Ankunft« der elektronischen Signale in der Bodenstation automatisch ausgeglichen. Die Zeit, in der Korrespondenten und Kameraleute das Ergebnis ihrer Arbeit in Blechbüchsen verpackt und in Plastiksäcken verstaut in der Cargohalle des nächsten Flughafens oder am Expreßschalter der Bahn abliefern mußten, war endgültig vorbei. Jetzt konnten auch sie, wie die Kollegen vom Hörfunk schon lange, wirklich aktuell arbeiten.

Bilder aus Amerika

In der New Yorker ZDF-Dependance an der 57. Straße stand nicht zu Unrecht »Zweites Deutsches Fernsehen« an der Tür. Verglichen mit der Opulenz des ARD-Studios ein paar Blocks weiter, mit seiner WDR-eigenen, hochmodernen Technik und dem unverbauten Blick auf den Central Park aus Uli Wickerts Chefbüro, waren wir kleine Wichte, arme Medien-Verwandtschaft aus der pfälzischen Provinz. Was wir besaßen, trugen wir sozusagen auf dem Leib. Was wir brauchten, mußten wir mieten: zwei winzige Zimmerchen, Geräte, Lampen, Auto, Maschinen für die Bearbeitung unserer Videobänder. Das alles war zu haben bei unserem Vermieter, einem zwielichtigen, ausgewanderten Berliner namens Christian Viertel, der alle möglichen Geschäfte machte, darunter auch welche, die mit Fernsehen zu tun hatten. Fast zwei Jahre hielten wir es bei ihm aus. Dann wurde uns klar, daß wir für dasselbe Geld fast schon in Hollywood produzieren könnten. Wir kündigten und zogen über die Straße in eine geräumige, allerdings fensterlose Suite im Haus des amerikanischen Fernsehriesen CBS.

Weil Viertels Dienste unverhältnismäßig teuer waren (und nicht besonders gut), hatte ich es mir schon früher zur Gewohnheit gemacht, längere, nur latent aktuelle Stücke in unserem Studio in Washington zu bearbeiten. Es war ein prachtvolles Gebäude an der

M-Street im schönsten Teil von Georgetown, das als Sitz eines Bestattungsunternehmens gedient hatte, bevor es in den siebziger Jahren vom ZDF gekauft worden war. Auf Hinterlassenschaften der Vorbesitzer bin ich bei meinen vielen Besuchen nie gestoßen.

Studioleiter in Washington war Dieter Kronzucker, mein alter Spezi aus Kölner *Hier-und-Heute*-Tagen. Mit ihm und seinen Vertretern – das war erst Horst Kalbus, der heute vorwiegend in Israel arbeitet, und später dann Peter Ellgaard, derzeit Bonner ZDF-Korrespondent – habe ich regelmäßig unsere Amerika-Berichterstattung abgestimmt. Uns wurde sehr bald deutlich, daß dabei immer dieselben Ortsnamen fielen: Washington, New York, hin und wieder mal Los Angeles. Daß amerikanische Politik, soweit sie für das Ausland interessant ist, in der Hauptstadt gemacht wird, lag auf der Hand. Die wirtschaftliche Entwicklung ließ sich am besten in New York beobachten, und auch die Vereinten Nationen haben dort ihren Sitz. Und Los Angeles war immer gut für eine Geschichte über amerikanisches Show Business, das offenbar überall in der Welt die Menschen vor dem Allerschlimmsten bewahrt, dem Tod durch Langeweile.

Das ist ein geographisches Dreieck, mit dem sich leben läßt, und kein Auslandskorrespondent muß sich entschuldigen, wenn er sich mit diesen drei Stationen begnügt. Aber das, was Amerika ausmacht, die Vorstellungen, die sich für Millionen Fremde mit dem Begriff Amerika verbinden, spiegeln sich nicht, oder nur unvollkommen, in zwei Großstädten an der Ostküste und in einer am Pazifik. Und so beschlossen Dieter Kronzucker und ich, viel häufiger als bisher raus ins Land zu gehen, hinein in die Provinz, wo die Masse der Amerikaner zu Hause ist.

Wir hatten Glück, dem ZDF gefiel die Idee. Unser Partner in der Mainzer Zentrale, Rochus Bassauer, besorgte uns einen hervorragenden Sendeplatz – am Sonntagabend um 19.30 Uhr. So entstand die Sendereihe *Bilder aus Amerika.*

Pat und Verena

Ohne die beiden Frauen im New Yorker Büro wäre aus unserer neuen Serie nicht viel geworden. Sie haben den größeren Teil der Themen gefunden und recherchiert, mit den Beteiligten vor Ort die nötigen Absprachen getroffen, die Dreharbeiten gesteuert, wenn der Korrespondent später kam, früher zurückreiste oder überhaupt nicht dabeisein konnte, weil er in New York mit Aktuellem beschäftigt war – Pat und Verena, unsere »Producer«.

Im Fernsehen der angelsächsischen Welt kümmern sich die Producer sowohl um den journalistischen oder künstlerischen Teil einer Produktion als auch um den geschäftlichen Teil, den Etat also. Auf dem Bildschirm erscheinen sie nie. Sie führen normalerweise keine Interviews, schreiben keine Texte und sprechen sie auch nicht. Unverzichtbar sind sie trotzdem, weil bei ihnen zusammenläuft, was der Korrespondent mit seinen vielen anderen Aufgaben alleine gar nicht überblicken könnte. In fast allen Auslandsstudios von ARD und ZDF arbeiten solche Producer. Meist sind es Einheimische, die aber fast immer auch Deutsch sprechen und sich vor Ort in der Regel ein bißchen besser auskennen als der fremde Berichterstatter. In manchen Teilen der Welt gilt ein fester Job in einem Korrespondentenbüro, der meist auch ganz ordentlich bezahlt wird, als ein Geschenk des Himmels.

Unsere beiden Producer waren allerdings keine Einheimischen. Die Engländerin Patricia Naggiar lebte schon seit den fünfziger Jahren in New York. Ich kannte sie gut von meinem ersten Korrespondenten-Törn in den USA; schon damals arbeitete sie für das ZDF. Sie war eine umtriebige, listenreiche Person, die keine Hemmungen hatte, einem Mann auch mal tief und lange in die Augen zu blicken, wenn der bei der Realisierung einer Story nicht so wollte, wie Pat sich das wünschte. Keines ihrer Projekte ist, wenn ich mich recht erinnere, je geplatzt – wie sie das geschafft hat, weiß ich nicht.

Ein ganz anderer Typ war Verena Kulenkampff, eine schlanke, aristokratische Düsseldorferin, die nach der Trennung von ihrem Mann an der Film School der

Columbia-Universität studierte. Schon lange vor dem Examen kam sie als Producer zu uns. Sie wußte einfach alles über Film, und das konnte für unser kleines Fernsehgeschäft nicht von Nachteil sein. Verena hatte zudem ein seltenes Gespür für Themen, die nicht nur unterhaltsam waren, sondern auch viel aussagten über das Land, von dem wir ja mehr vermitteln wollten als nur das, was bisher aus Washington, New York oder Los Angeles nach Deutschland gedrungen war.

Pink

Es hatte viel mit Pat und Verena zu tun, daß in der Galerie unserer *Bilder aus Amerika* mehr Porträts von Frauen hingen als von Männern. Vieles im amerikanischen Alltag versteht man vielleicht ein bißchen besser, wenn man erst einmal den Frauen zuhört. Heute wird die Chancengleichheit von Mann und Frau in den USA ernsthaft nicht mehr bestritten – wehe dem Mann, der zu erkennen gibt, daß er nicht viel davon hält. Daß manche Frauen ihre Chance in Bereichen suchen, von denen sie mehr verstehen als Männer, muß ja nicht falsch sein.

Mary Kay war so ein Fall. Sie war die Gründerin und Mehrheitsaktionärin eines Kosmetikkonzerns, der zehn Prozent des amerikanischen Marktes kontrollierte. »Das bedeutet«, sagte die Chefin, als wir sie im Sommer 1983 in ihrer Villa in Dallas besuchten, »daß neunzig Prozent der Frauen in Amerika das falsche Make-up benutzen.« Alles in Marys Villa war pink – die Teppiche, die Wände, die Möbelbezüge, die Fliesen im Bad, der Pudel auf Marys Schoß. Und vor der Tür standen zwei rosarote Cadillacs. »Pink Panther« heißt Mary in der Branche. Ihre Biographie hat den Titel *Think Pink,* und darin stehen lauter rosa Gedanken.

Mit uns an diesem Vormittag kamen hundertfünfzig Mitarbeiterinnen, allesamt freischaffend, die auf eigene Rechnung für eine Woche in die Mary-Kay-Zentrale nach Dallas gereist waren, um sich, wie sie sagten, »inspirieren« zu lassen. Inspirieren von einer Mittsiebzigerin mit weißblondem, hochtoupiertem Haar, die jede der hundertfünfzig für anderthalb Minuten zu sich aufs Sofa zog – bis das Polaroid zur Erinnerung an den denkwürdigen Tag fertig war. Die Inspiration bestand an diesem Vormittag aus der handfesten Empfehlung: »Ihr braucht fünfzig feste Kunden, dann verdient ihr Geld.« Das soll auf Schminkparties zusammenkommen, zu denen die »Schönheitsberaterinnen« Freundinnen und Verwandtschaft einladen, um ihnen zu demonstrieren, wie vorteilhaft Mary Kays Make-up jede Frau verändert. Die Philosophie der alten Dame war einfach, aber ihre Gäste waren davon hingerissen: »Bis vierzehn braucht eine Frau ein gutes Elternhaus. Bis vierzig gutes Aussehen, bis sechzig Persönlichkeit. Und ab sechzig braucht sie nur noch eins – Bargeld.«

Selber machen

Vom Umgang mit öffentlichen Geldern können die Deutschen bei den Amerikanern eine Menge lernen. Meine amerikanischen Freunde stehen fassungslos vor der Lethargie, mit der deutsche Steuerzahler grummelnd, aber resignierend selbst die schlimmsten Fälle offenkundiger Verschwendung durch die Bürokratie hinnehmen. Sie staunen über die Folgenlosigkeit, mit der die Prüfungsberichte der Rechnungshöfe zu den Akten genommen werden. Sie wundern sich, daß ein Skandal wie beispielsweise der um den Bonner Schürmann-Bau anscheinend ohne politische Konsequenzen bleibt: »In Washington hätte längst der Blitz eingeschlagen.« Daß Konsequenzen hierzulande kaum zu erwarten sind, verstehen sie nicht. Die Deutschen, sage ich dann, seien es eben nicht gewöhnt, von ihren Vertretern in den Parlamenten Rechenschaft zu verlangen über deren Bemühungen, den leichtfertigen Umgang mit öffentlichen Geldern zu unterbinden. Meist enden solche Gespräche mit dem Satz: »Geschieht euch recht, daß ihr so hohe Steuern zahlt.«

Meine Freunde leben in einem Land, in dem die Bürger ihren Staat notorisch kurzhalten. Umgekehrt erwarten aber auch die Bürger nur das Allernötigste (was nach Auffassung vieler Europäer in sozialen und anderen Bereichen einfach zuwenig ist). Weil das »Government« zwar Ermunterung spendiert, aber kein Geld, und weil das immer so war, ist es für Amerikaner die schiere Selbstverständlichkeit, sich selbst zu schaffen, was in anderen Teilen der Welt der Staat übernimmt. Das zeigt sich im Großen wie im Kleinen: Die besten Universitäten in den USA, die besseren Schulen und Krankenhäuser, fast alle wissenschaftlichen Institute, die meisten Bühnen und Museen sind private Einrichtungen. Finanziert werden sie von denen, die sie nutzen und, weil das meist nicht reicht, von Leuten, die ihnen ihre Ausbildung, ihre Genesung, einen erweiterten Horizont oder auch nur jeden Monat einen schönen Abend in der Oper verdanken. Nach unserem Muster der freiwilligen Feuerwehr funktioniert in Amerika nicht nur die freiwillige Feuerwehr.

Diese instinktive Bereitschaft, eine Sache selber anzupacken, weil sie sonst nicht zustande kommt, findet sich in jeder Kommune, auch in der kleinsten. Mal sind es die Kirchen, mal die Logen, mal die Männerbünde der Rotarier, der »Elks« oder der Kriegsveteranen, mal bunte Bürgerinitiativen oder ein paar besorgte Hausfrauen, die sich zusammentun, wenn ein neuer Kindergarten her muß, ein Freizeitpark, oder wenn ein russisches Streichquartett in die Aula der »High School« eingeladen werden soll. Wer Beispiele für diese Art amerikanischen Bürgersinns finden will, muß nicht lange suchen.

Zirkus

Will man besonders originelle Varianten dieses Bürgersinns aufspüren, dauert es manchmal doch ein bißchen länger. Verena überraschte uns eines Tages mit einer Zirkusgeschichte, von der sie an der Universität gehört hatte. Sie spielte in Peru, einer Stadt im Bundesstaat Indiana, gut hundertfünfzig Kilometer südöstlich von Chicago. (Peru heißen noch sieben andere Städte in den USA, aber mit dem Andenstaat hat keine von ihnen etwas zu tun.) Unser Peru lag im Zentrum einer landwirtschaftlichen Region; auf den Farmen hatten einige Wanderzirkus-Unternehmen bis in die dreißiger Jahre überwintert. Auf den Höfen stellten sie ihre Wohnwagen ab, Tiere und ein Teil des Personals warteten in Ställen und Scheunen auf das Ende der Schneeschmelze. Zu Beginn des Frühjahrs gingen sie wieder auf die Reise.

Dann kam der Krieg. Nach seinem Ende liefen im Kino auf einmal nur noch opulente Farbfilme, und auch das Fernsehen machte sich bemerkbar. Für den traditionellen Wanderzirkus begannen schlechte Zeiten. Die meisten Unternehmen gaben auf. Die Menschen in und um Peru aber hatten sich über die Jahrzehnte an ihre exotischen Wintergäste gewöhnt. Als feststand, daß sie nie mehr zurückkehren würden, taten sich ein paar unternehmungslustige Peruaner zusammen und dachten darüber nach, wie sie trotzdem zu ihrem Zirkusvergnügen kommen könnten. Das Ergebnis nach einigen Provisorien: Wir machen uns selber einen Zirkus und bauen ihm ein festes Haus. Sie sammelten Geld in der Stadt und der Umgebung, und als genug beisammen war, appellierten sie im Interesse einer knappen Kalkulation an den Bürgersinn all derer im Ort, die mit dem Baugewerbe zu tun hatten. Entstanden ist ein ansehnliches Gebäude, in dem übers Jahr auch Bullenkörungen, Viehauktionen und kleine landwirtschaftliche Messen stattfinden, das aber seinen Hauptzweck im Juni erfüllt. Dann verwandelt es sich in einen Zirkus mit drei Arenen, in einen »Three-Ring-Circus« wie bei den Ringling Brothers oder bei Barnum & Bailey.

Als wir nach Peru kamen, lief das Zirkusfest bereits im achten Jahr, zwei Wochen lang jeden Abend und stets vor ausverkauftem Haus. Viele der Besucher kamen von weit her, weil es sich bis Chicago im Norden und Indianapolis im Süden herumgesprochen hatte, daß in Peru Mitte Juni etwas Besonderes geboten werde. Alle, die in der Arena auftraten, waren in Peru zu Hause oder in der Nähe, hatten normale bürgerliche Berufe oder gingen noch zur Schule. Mädchen der High School huschten über das Hochseil und riskierten waghalsige Sprünge auf dem Trampolin. Die Jungen vollführten tollkühne Salti am fliegenden Trapez und Kopfstände auf den Köpfen ihrer Untermänner. Alle in Glitzerkostümen, entworfen und genäht von den Frauen in Peru. Der Messerwerfer im Cowboy-Outfit war

Besitzer eines Eisenwarenladens, der Partner auf dem Brett sein Geschäftsführer. Ein Pfarrer jonglierte mit großen Ringen und kleinen Kürbissen. Einer von acht Clowns war Chefarzt im »County Hospital«, ein anderer Apotheker, ein dritter der Sheriff. Nur Tierdressuren fehlten im Programm. Als wir abreisten, überlegten sie, ob sie es nicht im nächsten Jahr mal mit Pferden oder Hunden versuchen sollten.

Jethro

Die Selbstverständlichkeit, mit der Amerikaner überall im Land Dinge in die Hand nahmen, die ohne private Initiative nicht zustande gekommen wären, dieser unspektakuläre Verzicht auf jeden Anspruch an den Staat hat mir damals mächtig imponiert. Er imponiert mir immer noch. Von den vielen Figuren, die Pat Naggiar für unsere Reihe *Bilder aus Amerika* aufspürte und die wir dann für einen Augenblick ins Licht setzten, ist mir eine besonders deutlich in Erinnerung geblieben. Jethro Mann lebte in Belmont, einer Kleinstadt in North Carolina, im Süden der USA also, wo die Menschen im allgemeinen etwas behutsamer miteinander umgehen als in anderen Teilen des Landes. Jethro Mann war gelernter Zimmermann und hatte sich irgendwann selbständig gemacht. Mit sechsunddreißig war er der erste schwarze Bauunternehmer in ganz North Carolina. Sein Geschäft florierte, aber als er sechzig wurde, hatte er genug vom Leben eines Businessman. Er verkaufte seine Firma und wurde, in staatlichem Auftrag und gegen ein Pro-forma-Salär, Lehrlingsausbilder für das Baugewerbe. Natürlich zeige er den jungen Leuten das Handwerk, so erzählte er uns in seiner ruhigen, sanften Art, aber er versuche auch, ihnen zu vermitteln, daß jede Arbeit Würde schafft: »There is dignity in work.«

Für viele im Belmont jener Zeit war es allerdings ein Problem, überhaupt Arbeit zu finden. In der Stadt lebten damals etwa fünftausend Menschen, gut ein Fünftel davon Schwarze. Sie hatten besondere Schwierigkeiten; über zwanzig Prozent von ihnen, vor allem junge Leute, waren arbeitslos. Das hatte Folgen, die auch anderenorts zu beobachten waren: Die Zahl der Gewalttätigkeiten, der Einbrüche, überhaupt der Eigentumsdelikte, stieg an und verschaffte Belmont den fragwürdigen Ruf, unter den Kleinstädten North Carolinas die höchste Kriminalitätsrate zu haben.

Ungefähr um diese Zeit, aber ohne direkten Zusammenhang mit der Polizeistatistik, war Jethro Mann darangegangen, alte Fahrräder zu sammeln oder Teile von alten Fahrrädern. In der Garage seines Hauses schraubte er zusammen, was manchmal zusammengehörte, manchmal auch nicht. Das Ergebnis war eine ständig wachsende Zahl von funktionierenden Fahrrädern. Als wir bei ihm erschienen, hatte er es auf über zweihundert gebracht.

Am nächsten Nachmittag sahen wir, für wen sie bestimmt waren: Über hundert Kinder versammelten sich auf dem Rasen vor Jethros Haus, schwarze und weiße, sechsjährige Hosenmätze und staksige Teenager. Jeder bekam sein Rad. Die Größeren halfen den Kleineren beim Einstellen der Sättel oder der Lenkräder, und dann brausten sie nach und nach davon. »Sie kommen jeden Tag«, erzählte Jethro, »gleich nach der Schule, am Sonntag nach dem Gottesdienst. Die Räder gehören ihnen. Ich sammele sie am Abend wieder ein, damit sie in Schuß bleiben und immer genügend in meiner Garage stehen. Sonst können sie damit machen, was sie wollen. Nur gut behandeln sollen sie die Bikes. Die älteren Kinder zeigen den jüngeren, wie man das macht. Da lernen sie auch gleich, ein bißchen Respekt voreinander zu haben. Wer im Leben Respekt erwartet, der muß ihn auch zeigen.«

Vielleicht lag es an uns und unseren Kameras, jedenfalls kamen einige Kinder am nächsten Nachmittag mit kleinen Schildern und Transparenten. »Thank you, Mister Mann« hatten sie daraufgemalt und »We love you, Mr. Mann«. Dankbar ist dem bescheidenen, würdevollen alten Herrn offenbar die ganze Stadt. Der weiße Bürgermeister sagte uns, die Jugendkriminalität sei fast verschwunden, seit sich Jethro Mann um die Lehrlinge kümmere und um die Kinder in der Schule. Vor einem Jahr sei Mister Mann sehr krank gewesen, fügte er hinzu, da hätten sie jeden Sonntag für ihn gebetet und extra für ihn die Glocken geläutet – in allen einundzwanzig Kirchen von Belmont.

Rückkehr

Im New Yorker ARD-Büro hatte es inzwischen einen Wachwechsel gegeben. Mein Freund Ulrich Wickert war Studioleiter in Paris geworden, sein Nachfolger Claus Richter kam aus dem ARD-Studio in Warschau. Die Konkurrenz der beiden öffentlich-rechtlichen Systeme hatte mit zunehmender Entfernung von den Zentralen immer schon einiges von der Härte verloren, mit der ARD und ZDF zu Hause gelegentlich aufeinander eindroschen. (Privates Fernsehen gab es noch nicht – seit auch RTL, SAT 1 und ein paar kleinere Sender den Zuschauern schöne Augen machen, teilen sich die Öffentlich-Rechtlichen ihre Kräfte anders ein.) Der Wettbewerb zwischen den Auslandsstudios der beiden Sender hielt sich, es gab Ausnahmen, meist in vernünftigen Grenzen. Beim Nachbarn Ideen zu klauen galt als unfein, es kam auch selten vor. Einige Projekte habe ich aufgegeben, als ich erfuhr, daß Wickert, Richter oder die Korrespondenten im Washingtoner ARD-Büro am gleichen Thema arbeiteten. Umgekehrt verfuhren die Kollegen genauso. Für die aktuelle Berichterstattung galt das natürlich nicht, da war sich jeder selbst der Nächste.

Die Rücksicht auf die Konkurrenz hatte auch praktische Gründe. Kein Studio war so komplett ausgerüstet, daß nicht auch mal etwas fehlte. In solchen Fällen machte sich jemand auf den Weg über die Straße und kehrte eine halbe Stunde später mit einer Plastiktüte zurück, in der verborgen war, was gerade gebraucht wurde – Ersatzteile, Archivmaterial, fotokopierte Unterlagen. Die Studioleiter wußten meist nichts von diesen Tauschgeschäften, aber auch sie waren gelegentlich froh darüber, daß sie vor Ort einen Konkurrenten hatten.

Ich erinnere mich, daß Ulrich Wickert 1982 in großen Schwierigkeiten war, weil er in New York einen unaufschiebbaren Termin wahrzunehmen hatte, am selben Tag aber auch für Friedrich Nowottnys *Bericht aus Bonn* in Boston drehen sollte. Dort war der damalige Bundeskanzler Helmut Schmidt angesagt, um vor Absolventen des MIT, des »Massachusetts Institute of Technology«, die Festansprache zu halten. Auch das ZDF wollte einen Bericht über dieses Ereignis. Ich flog also nach Boston und drehte zwei Fassungen: Eine wurde in die ZDF-Zentrale überspielt und die zweite (ohne Kommentar, aber mit reichlich Schmidt) ins Bonner ARD-Studio. Bald danach ergab sich für Ulrich Wickert die Gelegenheit, zur Abwechslung mal mir ein Steinchen in den Garten zu werfen. Beiden war geholfen, keiner hat's gemerkt.

Mit Claus Richter habe ich ebenso gern zusammen-gearbeitet wie mit seinem Vorgänger. Richter (er ist inzwischen zum ZDF gewechselt und sitzt als Südost-asien-Korrespondent in Singapur) führte ein gastfreies Haus. An seinem üppig gedeckten Tisch kam es oft zu überraschenden Begegnungen. Im Sommer 1984 traf ich dort einen DDR-Diplomaten, der im New Yorker Hauptquartier der Vereinten Nationen einen hohen Po-sten bekleidete. Ein weltläufiger, witziger, scheinbar freimütiger Typ, der überhaupt nicht zu den grauen Mäusen aus Ostberlin paßte, die uns auf den Korrido-ren des UN-Gebäudes manchmal über den Weg liefen. Private Kontakte zu DDR-Diplomaten gab es in meinen Amerikajahren nie, für die SED gehörten Westkorre-spondenten zur Kaste der Unberührbaren. Und da saß nun, begleitet von seiner eleganten Frau, ein Offizieller aus Ostberlin, der offenbar nichts dabei fand, sich im Abstand von ein paar Wochen mit einer Gruppe von Klassenfeinden an einen Tisch zu setzen und über den Lauf der Welt zu diskutieren. Scharfe Systemkritik war ihm nicht zu entlocken. Daß ihm manches nicht gefiel an der Art, in der »seine« Leute die deutsch-deutschen Beziehungen handhaben, hat er erstaunlich offen aus-gesprochen. Er muß in Ostberlin fabelhafte Beziehun-gen gehabt haben, sonst hätte er sich die Ausflüge an Richters Kapitalistentafel, die seinen Genossen kaum verborgen geblieben sein dürften, nicht leisten kön-nen. (Er hat die Wende übrigens problemlos überstan-den und leitet heute in Berlin eine Werbeagentur.)

225

Ein ganz anderer Gast im Hause Richter sollte ein Jahr später in meinem Leben eine besondere Rolle spielen: Friedrich Wilhelm Freiherr von Sell, damals Intendant des WDR und 1985 ARD-Vorsitzender. Er kam häufig nach New York, teils aus dienstlichen Gründen, teils um seinen Sohn zu besuchen, der an der Columbia-Universität studierte. Weil sein Hotel nicht weit von meiner Wohnung lag, setzte ich ihn auf dem Rückweg vom Abendessen bei Richter meist dort ab. Im Taxi erzählte er mir eines Tages, die ARD habe die Absicht, die *Tagesthemen* zu verändern; nicht das Format, nicht die Struktur, auch nicht die Sendezeit, aber sieben Moderatoren jeweils im Wochenturnus, das sei Unsinn und drücke auf die Einschaltquoten. Eine Zuschauerbindung an ein Programm, die ja immer auch die Bindung an einen Menschen bedeute, sei bei sieben ständig wechselnden Gesichtern nicht möglich. Man wünsche sich statt dessen nur einen Moderator, und den am liebsten fürs ganze Jahr – so wie das die Amerikaner machten. Ob ich denn vielleicht Interesse hätte, diese Aufgabe zu übernehmen? Ich bat um Bedenkzeit.

Wollte ich nun oder wollte ich nicht? Einerseits war ich gern in New York, hatte mit Michael Buth einen erstklassigen Kameramann, mit Pat und Verena zwei gute Producer und bei CBS ein voll verkabeltes Büro. Unsere Reihe *Bilder aus Amerika* machte mir Spaß, den Zuschauern offenbar auch; ich hatte gerade einen Preis dafür bekommen. Für längere Stücke konnte ich immer die Technik in unserem Studio in Washington benutzen, es war perfekt ausgestattet und hatte mit Jutta Mannion eine hervorragende Cutterin.

Andererseits spürte ich, daß das Leben in Manhattan für einen Mann in den Fünfzigern allmählich etwas mühsam zu werden begann. Ich merkte, daß ich vom riesigen Angebot, das die Stadt jeden Tag macht, immer weniger wahrnahm. Alles in allem war ich nun schon über zehn Jahre in Amerika. Vielleicht, dachte ich mir, ist es wirklich langsam an der Zeit, nach Europa zurückzugehen. Und dann die *Tagesthemen*. Ich hatte die Sendung regelmäßig gesehen, wenn ich nach Deutschland kam. Sie gefiel mir. Ich wußte, daß sie in der Branche »Flagship«-Status hatte und, wie die *Tagesschau*, hohes Ansehen genoß. Eine Rückkehr zur ARD hätte außerdem den Vorzug gehabt, daß ich damit ganz aus Reinhard Appels Gesichtsfeld verschwände, ein Gedanke, der mir nicht unangenehm war. Ich beriet mich mit ein paar Freunden, am ausführlichsten mit meinem New Yorker Vorgänger Gustav Trampe. Alle haben mich ermuntert. Nur mein stiller Gönner in Mainz, Dieter Stolte, der Intendant, hielt von der Idee eines Wechsels überhaupt nichts.

Als Friedrich Wilhelm von Sell zwei Monate später wieder nach New York kam, haben wir mit unserem Gespräch nicht erst bis zur Heimfahrt von Claus Richters reichgedecktem Tisch gewartet. Wir trafen uns schon am Nachmittag, und ich nahm sein Angebot an.

Ilse

Es wird Zeit, von Ilse zu sprechen. Nachdem ich mit von Sell einig geworden war, flog ich nach Deutschland, regelte mit der Kölner Verwaltung die Modalitäten und fuhr nach Sylt. Dort traf ich Ilse, die alle Welt, auch die eigene Familie, immer nur Ilein nannte. Sie und ihr inzwischen verstorbener Mann gehörten zu einem Kreis, der sich seit Jahren in jedem Sommer im Haus von Wolfgang und Marlies Menge versammelte. Viel fahrendes Volk war darunter, Medienleute, Schauspieler, auch ein paar Mediziner und Kaufleute. Immer wieder tauchten neue Gesichter auf, vertraute verschwanden für immer, aber ein Kern blieb fast dreißig Jahre lang.

Ilse war all die Jahre nichts anderes als die Frau eines guten Bekannten. Mich hat sie lange Zeit wohl auch nur wahrgenommen als einen von vielen, die mit Menge befreundet waren. Mir imponierte allerdings, daß sie das Kreuzworträtsel im *Zeit-Magazin* regelmäßig ebenso schnell und richtig löste wie Menge, der sich auf diesem Gebiet, wie auf manchem anderen, für unschlagbar hielt. Sie war gescheit, patent, warmherzig und überaus angenehm anzusehen – schlank, hellblond und mit blauen Augen, so wie die Kinder Hamburger Schiffsoffiziere manchmal geraten.

Geändert hat sich unsere freundschaftliche Nicht-Beziehung erst in dem Sommer, in dem ich nach Hamburg zog. Ilses Ehe steckte in einer tiefen und, wie sich später herausstellte, irreparablen Krise. Ihre Kinder hatten das Elternhaus längst verlassen. Zwei waren Ärzte geworden, der jüngste Sohn ging auf die Schauspielschule. Sie mochte in dem großen Haus am Stadtrand nicht mehr bleiben. So kam es, daß sich im Sommer 1985 zwei alte Sylter ganz unabhängig voneinander über eine passende Bleibe zweihundert Kilometer südlich, in Hamburg nämlich, ihre Gedanken machten. Irgendwann entdeckten Ilse und ich, daß wir wenigstens diese Gemeinsamkeit schon hatten. Es war ein Anfang. Nach endlosen Gesprächen kamen wir auf die Schnapsidee, so etwas wie eine bürgerliche Kommune zu gründen, ohne gegenseitige Ansprüche: Jeder lebt wie er/sie will – wir teilen uns einfach eine große Wohnung und sehen mal, was passiert. Wir kannten uns schließlich gut zwanzig Jahre und wußten ungefähr, was wir voneinander zu halten hatten.

Passiert ist, was in solchen Fällen fast immer passiert: Es ging schief. Ilse hatte eine wunderbare Wohnung an der Alster gefunden, groß genug, um jedem die Chance zu geben, sich in seinem Bereich zu verkriechen. Die Unverbindlichkeit einer solchen Wohngemeinschaft war eine prima Theorie. Den Test der Praxis hat sie leider nicht bestanden. Als Dritte, mal bei ihr, mal bei mir, vorsichtig die Lage zu peilen begannen, wurde uns klar, wie unverzichtbar der eine für den anderen geworden war. Wir beschlossen, die Idee mit der Luxuskommune zu Grabe zu tragen und zusammenzuleben wie ein Ehepaar. Sicherheitshalber suchten wir uns auf der anderen Seite der Alster sofort eine neue Wohnung, in der getrennte Lebensbereiche schon aus architektonischen Gründen nicht möglich waren. Seither fragen wir uns, warum wir uns nicht gleich zu einer so wunderbaren Lösung entschlossen haben. Dazu gehören, neben Ilses Kindern, inzwischen vier Enkel und Nelson, der Hund. Unser Freundeskreis schließt längst auch Adele ein, meine amerikanische Frau. Wir hatten uns 1971 getrennt, aber nie aus den Augen verloren. Wie das Leben manchmal spielt – Adeles Tochter aus ihrer zweiten Ehe und Ilses jüngster Sohn sind mittlerweile verdächtig lange miteinander verbandelt.

Der Fachmann

Am frühen Morgen des 15. Oktober 1985 war ich kein glücklicher Mensch. Am Abend zuvor hatte ich, pünktlich um 22.30 Uhr, meinen Einstand bei den *Tagesthemen*. Nach der Sendung kamen ein paar ermunternde Anrufe von alten Freunden, die Redakteure tranken mit mir einen hastigen Schluck, klopften mir auf die Schulter und gingen bald nach Hause. Ich war zu lange im Geschäft, um nicht zu wissen, daß die Reaktion auf einen verheißungsvollen Start anders aussieht.

Da saß ich nun, weit nach Mitternacht, bei Ilse auf der Couch und ärgerte mich über mich selbst. Wo war sie denn geblieben, die gelassene Weltläufigkeit des Ankermannes, die ich in Amerika so aufmerksam studiert und von der ich geglaubt hatte, sie ließe sich mit ein bißchen Glück in Deutschland reproduzieren? Am 14. Oktober war sie nicht zu sehen, jedenfalls nicht in den *Tagesthemen*. Da saß ein Moderator, dessen vermeintlich beste Eigenschaft, nämlich auch in schwierigen Lagen die Nerven zu behalten, ihn soeben verlassen hatte. Ziemlich blasse Texte, keine originelle Frage, hastige Stimmführung, zwei Versprecher – keine Katastrophe alles in allem, aber sein Debüt hatte er sich anders vorgestellt.

Es hätte nicht so sein müssen. Die Nachrichtenlage am 14. Oktober war nicht sonderlich aufregend, aber für eine solide Sendung reichte sie allemal. Daimler hatte AEG geschluckt, Franz Josef Strauß im chinesischen Tsingtau die Leistungsfähigkeit der deutschen Industrie gepriesen, und der italienischen Regierung war ein palästinensischer Schiffsentführer, der von den USA steckbrieflich gesucht wurde, nach Jugoslawien entwischt. Die Live-Schaltungen dazu mit Eberhard Piltz in Rom und Fritz Pleitgen in Washington liefen ganz ordentlich, aber dann kam die Sache mit dem Nobelpreis für Medizin. Der war am 14. Oktober an zwei Amerikaner für ihre Verdienste auf dem Gebiet des Cholesterin-Umsatzes vergeben worden.

Was das ist, hatte mir nachmittags ein bekannter

Hamburger Mediziner am Telefon so angenehm plausibel erklärt, daß ich ihn bat, es am Abend in den *Tagesthemen* noch einmal zu tun. Und dann geschah, was oft geschieht, wenn Menschen mit großem Sachverstand, aber ohne Fernseherfahrung vor einer großen Öffentlichkeit über Dinge reden sollen, die sie sonst nur im Kreise von Fachleuten diskutieren: Sie denken nicht an die ahnungslosen, aber wißbegierigen Laien, sondern an die anderen in ihrer Fakultät, die gespannt, vielleicht auch mit unterschiedlichem Wohlwollen, beobachten, wie sich der Herr Kollege aus der Affäre zieht. Das hemmt den freien Fluß der Rede, vor allem aber die Bereitschaft, beispielsweise Parästhesien in den unteren Extremitäten das zu nennen, was sie sind – eingeschlafene Füße. So war es auch mit meinem Gast. Was er erzählte, mag für Mediziner aufregend gewesen sein – in der Redaktion verstand ihn keiner. Was mich am Nachmittag so beeindruckt hatte, nämlich seine Gabe, komplizierte wissenschaftliche Zusammenhänge in einfachen Worten überzeugend darzustellen, war ihm auf dem Weg ins Studio offenbar abhanden gekommen. Er hatte ein Farbdia mitgebracht, für dessen zeitweilige Überlassung er sich bei Herrn Professor X. wortreich bedankte. Es war sehr lange zu sehen. Zur Erhellung der Frage des Fettstoff-Umsatzes haben die vielen roten und blauen Pünktchen allerdings nicht viel beigetragen. Eines immerhin wurde deutlich in unserem Gespräch: Vorsicht mit Butter, überhaupt mit Fett.

Es war ein mageres Angebot, das ich unseren Zuschauern an meinem ersten Abend in den *Tagesthemen*
machte. Es konnte nur besser werden.

ARD-aktuell

Mit meiner Rückkehr nach Hamburg hatte sich der
Kreis geschlossen. Ich saß wieder in dem einstöckigen
Klinkerbau im Stadtteil Lokstedt, in dem ich vor dreißig
Jahren als *Tagesschau*-Redakteur angefangen hatte –
nicht weit von Hagenbecks Tierpark. In der Technik
traf ich zwei, drei Kollegen, deren Gesichter mir vertraut waren, aber in der Redaktion kannte ich niemand,
bis auf Edmund Gruber, den Chefredakteur von ARD-
aktuell. So heißt das Unternehmen, das die *Tagesschau,*
die *Tagesthemen* und den *Wochenspiegel* produziert. Es
hatte seinen Sitz von Anfang an auf dem Gelände des
NDR in Hamburg, gehört aber nicht zum Norddeut-
schen Rundfunk. Dessen Verwaltung betreut zwar die
Mitarbeiter, aber nur im Auftrag der elf Sender, die das
Gemeinschaftsprogramm der ARD herstellen und ausstrahlen. Sie zahlen auch alle für *Tagesschau* und *Tagesthemen,* unterschiedlich viel, je nach Gebührenauf-
kommen in den Verbreitungsgebieten der jeweiligen
Landessender. Mit dieser finanziellen Verpflichtung

verbindet sich eine Reihe von Ansprüchen. Zum Beispiel der, durch die Chefredakteure und Programmdirektoren die journalistische Generallinie von ARD-aktuell kontrollieren zu können. Auch personell kann jede ARD-Anstalt verlangen, in Lokstedt durch eigene Mitarbeiter vertreten zu sein. Die meisten verzichten darauf, aber die drei größten – WDR, NDR und BR – in der Regel nicht. Es sind natürlich immer nur Spitzenpositionen, die im Netz der ARD Begehrlichkeiten wecken – den Chefredakteur stellt man gern oder seinen Vertreter oder wenigstens den Moderator der *Tagesthemen*. Vom WDR kamen auf diese Weise Heiko Engelkes und ich nach Hamburg, vom Bayerischen Rundfunk Edmund Gruber.

Schwarz/Rot

Ich kannte Gruber flüchtig aus seiner Zeit als Leiter des ZDF-Studios in Washington. Durch journalistische Glanzleistungen war er dort nicht aufgefallen, eher schon durch seine Bewunderung für die Republikanische Partei schlechthin, besonders für die Gruppierung, die Ende der siebziger Jahre damit begann, Ronald Reagan als Präsidentschaftskandidaten aufzubauen. Intern verschreckte er seine Mitarbeiter durch die Überlegung, die beiden Kameraleute des ZDF nach Hause zu schicken und statt eigener Bilder nur noch Filmmaterial aus amerikanischen Quellen zu benutzen, das in Washington preiswert zu haben war. Wenn es nach Gruber gegangen wäre, hätten die ZDF-Zuschauer die amerikanische Szene nur noch mit fremden Augen beobachten können. Aus der Idee wurde glücklicherweise nichts, aber das Klima im Haus an der M-Street war erst einmal ruiniert. Grubers ideologische Befangenheit und sein Wille, sie im Programm sichtbar zu machen, belasteten das Verhältnis zum zweiten Korrespondenten in Washington, dem ruhigen, nachdenklichen Dirk Sager, so sehr, daß dieser die Hauptstadt nach nur einem Jahr fluchtartig verließ und nach Deutschland zurückkehrte. Ich hätte gewarnt sein müssen.

In Hamburg empfing mich Edmund Gruber mit einer Freundlichkeit, die mir suspekt war, weil es dafür keinen Anlaß gab. Er wußte, daß ich nicht zu seinen Bewunderern zählte, daß ich den Freunden der CDU/CSU, mit denen er sich so eng verbunden fühlte, nicht zugerechnet werden konnte und auch seiner blinden Anbetung für Ronald Reagans Amerika ziemlich verständnislos gegenüberstand. Außerdem hatte ich ihm, ohne es zu wollen, einen Job weggenommen, an dem er hing – den des Moderators. Bis zu meiner Ankunft war auch Gruber einer der sieben gewesen, die im Wochenturnus die *Tagesthemen* präsentierten und nun durch Ulrike Wolf und mich ersetzt werden sollten. Für Ulrike Wolf, eine frühere *Tagesschau*-Redakteurin, hatten sich die Intendanten entschieden, nachdem klargeworden war, daß einem einzelnen die Moderation an zweiundfünfzig Wochen im Jahr nicht zugemutet werden konnte, jedenfalls nicht ohne ein aufwendiges Zuarbeitungssystem, das in Hamburg nicht bestand. Wir waren ein »Ticket«, der fleischgewordene Proporz: Ulrike, die Schwarze, ich, der Rote.

Ob sich eine solch pauschale Einordnung mit der Wirklichkeit deckt, danach bin ich nie gefragt worden – in Bonn wird entschieden, wer in welches Kästchen gehört. Die Medienspezialisten im Konrad-Adenauer-Haus machen es sich leicht. In ihrer Farbenlehre gibt es nur zwei Töne: Wer kein Schwarzer ist, muß ein Roter sein. Die Sozialdemokraten sind großzügiger, manche sagen: schlampiger. Sie schieben gelegentlich auch ganz gern einen verdienten Genossen oder einen Sympathisanten auf die Bühne, aber nur selten mit der neurotischen Besessenheit, mit der im Konrad-Adenauer-Haus am Personalkarussell in den Funkhäusern gedreht wird.

Ulrike, eine Kollegin von heiterem Naturell, hatte mit Gruber, soweit ich das erkennen konnte, nur eine echte Gemeinsamkeit, die allerdings unauflöslich schien – für beide war die Politik der Unionsparteien das Maß aller Dinge. Dagegen läßt sich nichts sagen, weder am Stammtisch noch in der Familie. Bei Journalisten allerdings, die tagtäglich ganz unterschiedliche politische Positionen erkennen, aufbereiten und einem Millionenpublikum vermitteln müssen, ist partielle

Blindheit ein böses Handicap. Sie stellt die Glaubwürdigkeit einer ganzen Redaktion in Frage. Nichts aber ist wichtiger für den dauerhaften Erfolg einer Nachrichtensendung als das Vertrauen der Zuschauer, das Gefühl, besser noch: die Gewißheit, vielleicht unvollkommen, aber fair und ohne missionarischen Eifer unterrichtet worden zu sein. Solche Gedanken waren Gruber fremd. Er blieb bis zum unrühmlichen Ende seiner Karriere ein Parteisoldat, ein Mann, der durch Anpassung an den tagespolitischen Kurs seiner Patrone zu beweisen suchte, wie klug es doch war, ihn auf den Chefsessel zu hieven.

Als wir uns in Hamburg begegneten, hatte er die Lust an seinem Amt schon weitgehend verloren. 1982 war er als Sprecher der ersten Bundesregierung unter Helmut Kohl nicht einmal in die engere Wahl gekommen. Ein Jahr zuvor hatte er mit Mühe eine Affäre überstanden, an der seine Bonner Sponsoren wenig Freude gehabt haben dürften: siebenundzwanzig Redakteure von ARD-aktuell hatten ihm in einem Brief an den NDR-Intendanten Friedrich-Wilhelm Räuker vorgeworfen, innere Zensur geübt und sie daran gehindert zu haben, »unabhängig, ausgewogen, objektiv und umfassend zu berichten«. Gruber, der auch auf verlorenem Posten keiner Keilerei aus dem Weg ging, konterte mit der Behauptung, die seiner Fürsorge anvertrauten Mitarbeiter hätten »unverantwortlichen Tendenzjournalismus betrieben« und mit »Halbwahrheiten operiert«; der Brief sei ein »Pamphlet«.

237

Entzündet hatte sich der Streit an der Entscheidung der Regierung Reagan, die Neutronenbombe zu bauen, eine Waffe, die jede Art von Leben vernichtet, die Umgebung aber nahezu unzerstört läßt. Daß eine solche Ausweitung des amerikanischen Waffenarsenals in der Bundesrepublik, aber auch im übrigen Europa, zu heftigen Kontroversen führen würde, war vorherzusehen. Und so hieß es denn in der 20-Uhr-*Tagesschau* am Sonntag, dem 18. August 1981: »Die umstrittene Neutronenwaffe ...« Das ging Gruber zu weit. Er wies den zuständigen Redakteur an, in künftigen Sendungen das Wort »umstritten« nicht mehr zu benutzen. In den folgenden Tagen wurde deutlich, daß er von der neuen Bombe am liebsten gar nichts hören würde oder, wenn das nicht möglich sein sollte, sowenig wie möglich. Die Redaktion fragte er: »Sind Sie nicht auch froh, daß sich die Amerikaner für uns stark machen?« Er finde, die neue Waffe sei »notwendig«. Das fanden, wie es der Zufall will, auch die Verteidigungspolitiker der Union. Und so kam es, daß die Redakteure der *Tagesschau* stets auf Widerspruch stießen, wenn sie ihrem Chefredakteur kritische Stimmen zur Neutronenbombe anboten. Gruber ließ Graf Baudissin und Egon Bahr absagen, dem Moskauer ARD-Korrespondenten Peter Bauer verweigerte er die Leitung, weil er für die »Propaganda der Sowjetunion« nicht auch noch die Kosten übernehmen wolle.

In den Printmedien gibt es Blätter, in denen Meldung und Meinung übergangslos ineinanderfließen. Wer sie

238

kauft, weiß, was ihn erwartet, der Kunde bekommt, was er will. *Tagesschau* und *Tagesthemen* haben eine solche Zielgruppe nicht. Sie können sich ihr Publikum nicht aussuchen. In den frühen achtziger Jahren, lange vor SAT 1 und RTL, hießen die Alternativen *heute* und *heute-journal*, die sich an ähnlichen Prinzipien orientierten, auch wenn es in Nuancen immer wieder bemerkenswerte Unterschiede gab (und gibt). Daß in diesem Nachrichtenmonopol der Öffentlich-Rechtlichen eine Verpflichtung steckte, nämlich die, nur nach dem Regelkatalog des publizistischen Handwerks zu arbeiten, wollte (oder konnte) Gruber nicht begreifen. Er holte seine Maßstäbe aus den Tiefen seiner politischen Überzeugung und blieb Ideologe in einem Metier, dessen Aufgabe die Verbreitung von Informationen, nicht aber von Glaubensbekenntnissen ist. Ein Mann, der so gern »cool« sein wollte, aber immer nur kalt war.

Der Streit zwischen Gruber und den Redakteuren endete mit einem Remis. Beide Seiten nahmen ihre Anschuldigungen zurück. Geklärt war nichts.

Spärlichkeiten

Für die Leute, die mit ihm arbeiten mußten, war Gruber verhältnismäßig leicht zu durchschauen. Sie konnten getrost davon ausgehen, daß alles, was er verbal oder mimisch auszudrücken versuchte, mit wenigen Ausnahmen das Gegenteil seiner wahren An- und Absichten war. Bei Ausbrüchen großer Herzlichkeit empfahl sich stets besondere Vorsicht. In meinen letzten Wochen in New York hatte er mir telefonisch immer wieder versichert, wie begeistert er sei von meinem Wechsel zur ARD. Welch grandiose Zeiten den *Tagesthemen* bevorstünden, wenn ich erst einmal auf dem Moderatorenstuhl säße. Daß er alles tun werde, um mir optimale Arbeitsbedingungen zu verschaffen. Wäre dieser Jubel etwas derb geratene Ironie gewesen, hätte er mir gefallen. Aber Gruber war völlig frei vom Verdacht, Ironie zu haben oder sie bei anderen zu erkennen. So klangen seine Beschwörungen immer nur hohl – da redete einer, der mit dem Rücken an der Wand stand und verzweifelt hoffte, der »Neue« könne wenigstens in der ersten Zeit ein Bundesgenosse sein und ihm helfen in der Auseinandersetzung mit einer Redaktion, bei der er jeden Kredit verloren hatte.

Noch nicht einmal vierzehn Tage dauerte es, bis auch zwischen uns die Verhältnisse klar waren. Ich fand es enttäuschend, daß Gruber eine neue Studiodekoration in Auftrag gegeben hatte, eine Art Cockpit für den Moderator, ohne mich auch nur ein einziges Mal zu fragen, welche Vorstellungen ich mit meinem neuen Arbeitsplatz verband. Solche Selbstherrlichkeit ist übrigens in Funkhäusern nicht selten – über Gestaltung und Ausrüstung von Studios entscheiden oft Menschen, die von ihrem Fach vielleicht eine Menge verstehen, nicht aber von der Arbeit vor der Kamera. Den Moderatorinnen und Moderatoren bleibt meist nichts anderes übrig als grummelnd oder demütig zur Kenntnis zu nehmen, was sich Praxisfremde für sie ausgedacht haben. Ihnen geht es wie dem Tenor am Stadttheater – sie dürfen vorn an der Rampe stehen und den Mund aufmachen, auf Wunsch auch Autogramme geben. Das ist Belohnung genug, das Übrige wird anderswo beschlossen.

Daß Grubers Freundlichkeit ebenso fix verfliegt, wie sie hervorgeholt wird, merkte ich bei einem Rundgang durchs Haus, auf dem mir mein künftiges Büro gezeigt werden sollte: ein Kämmerchen von sechs, höchstens acht Quadratmetern, das von einer studentischen Hilfskraft zum Sortieren von Manuskripten benutzt worden war. Es war Gruber offenbar ernst mit dieser Lösung, aber ich hatte mir die »optimalen Arbeitsbedingungen« doch ein bißchen anders vorgestellt. Ein größerer Raum wurde gefunden, Gruber knickte ein, und dann kam seine erstaunte Frage: »Ach, eine Sekretärin wollen Sie auch? Für sich allein? Tscha, das wird aber schwer ...«

Nach Ansicht des NDR war es gar nicht schwer. Die

Personalabteilung empfahl mir Petra Nowak, auch nicht gerade ein Gruber-Fan, und vorwiegend über ihren Tisch liefen von da an die Spärlichkeiten, die Gruber und Friedrichs miteinander auszutauschen hatten.

Der Tag

Wer nur mal flüchtig hereinschaute beim Moderator, der mochte sich fragen, wie da ein Arbeitstag von zwölf bis vierzehn Stunden zustande kommen konnte. Eine halbe Stunde Programm, davon acht, zehn, bei längeren Gesprächen auch mal vierzehn Minuten Moderation, das läßt sich doch flott erledigen. Es ist ja auch noch niemand an Erschöpfung gestorben, aber die Zeit zieht sich hin, die nötig ist, um alles zu bedenken, was am Abend zwischen 22.30 und 23 Uhr eine Rolle spielen könnte. Mir war klar, daß ich mir meine Kräfte einteilen mußte, wenn ich um die Stunde, in der sich die meisten Menschen fürs Bett rüsten oder schon drinliegen, voll konzentriert zu Werke gehen wollte. Aus dieser Überlegung entstand ein Muster, an das ich mich streng gehalten habe. Mein Nachfolger Ulrich Wickert hat es übernommen.

Um 11 Uhr traf sich ein engerer Kreis der *Tagesthemen*-Mitarbeiter im Büro des Chefredakteurs, um die

Stoffe zu sortieren, die für die Sendung in Frage kamen. Es wurde vorausgesetzt, daß jeder die überregionalen Zeitungen bereits gelesen hatte. Zwei Planungsredakteure, einer fürs Inland zuständig, der andere fürs Ausland, waren schon seit den frühen Morgenstunden im Haus und hatten bei den Korrespondenten nachgefragt, ob aus ihrem Beritt für diesen Tag ein Beitrag zu erwarten war. Die Kollegen in Nord- und Südamerika schickten ihre Offerten schriftlich, per Telex, damit sie nicht mitten in der Nacht aus dem Bett geklingelt werden mußten. Aus allen Angeboten hatte der CvD, der Chef vom Dienst, bei dem die Fäden der Sendung zusammenliefen, ein vorläufiges Programm gebastelt, das nun um 11 Uhr zur Diskussion stand. Es gab Tage, an denen es bis zum Abend unverändert blieb, aber sie waren sehr selten. Häufiger schon war um 22.30 Uhr nichts davon übriggeblieben. Meistens überlebten zwei, drei Themen die nachfolgenden Konferenzen, die übrigen wurden durch neue ersetzt. Als Moderator hätte ich mir das Leben leichter machen und erst am frühen Nachmittag im Haus erscheinen können, aber um den Preis, dann ein Programm vorzufinden, das ohne meine Mitwirkung zustande gekommen war. Das wollte ich nicht. Zum einen sind ja Moderatoren in der Regel erfahrene Journalisten, die für bestimmte Themen ein besonderes Gespür haben, auch für solche, die für die *Tagesthemen* nicht taugen. Zum anderen mußten mich Aufbau und Inhalt der Sendung schon deshalb interessieren, weil ich wußte, daß ich am Abend von der Mehrheit der Zuschauer damit identifiziert werden würde. Bei manchen Kommentaren war das nicht immer ein heiterer Gedanke. An solchen Tagen sagte ich mir: Das ist ein Teil der Meinungsfreiheit in diesem Land, dafür stehst du gerade.

Gegen 14 Uhr fuhr ich, die Mittagsmagazine der Rundfunksender noch im Ohr, nach Hause, aß eine Suppe und machte ein Nickerchen. Um 16.30 Uhr saß ich in der nächsten Konferenz und erfuhr, was aus den schönen Plänen des Vormittags geworden war. Was auch immer – allmählich wurde das Gerüst der Sendung sichtbar. Ich begann mit den Korrespondenten zu telefonieren, mal mit Fritz Pleitgen in Washington, Ulrich Wickert in Paris, Nikolaus Brender in Buenos Aires, Gerd Ruge in Moskau, mal mit Peter Merseburger in London, Carl Weiß in Brüssel, Renate Bütow und Rolf Dieter Krause in Bonn und zunehmend mehr mit den Kollegen in unserem Studio in Ostberlin, mit Claus Richter, Horst Hano und Hans-Jürgen Börner. Ich wollte herausfinden, was in ihren jeweiligen Beiträgen eine Rolle spielen werde und was nicht, was zum besseren Verständnis hinzugefügt oder herausgehoben werden sollte. Auf die Überspielung der Stücke zu warten war sinnlos; sie kamen in der Regel erst zwischen 21 und 22 Uhr, oft noch später, manchmal wurden sie direkt vom Arbeitsort des Korrespondenten in die laufende Sendung eingefädelt. Die Moderationstexte waren um diese Zeit längst geschrieben – meist setzte ich mich gegen 19 Uhr an die Maschine, in der Hoffnung, daß mir zu all den bunten Bildern, die ich ja nur vom Hörensagen kannte, etwas halbwegs Vernünftiges einfallen werde. Punkt 22 Uhr mußte Schluß sein, dann hatte ich einen Termin in der Maske, nicht mehr als fünf bis zehn Minuten, Haarwäsche inklusive.

Der Souffleur

Die letzte Viertelstunde vor der Sendung saß ich auf meinem Platz im Studio und studierte auf einer langen, schmalen Papierrolle meine Moderationstexte, korrigierte Fehler, strich und malte mir Betonungszeichen aufs Blatt. Die mysteriöse Rolle würde ein paar Minuten später verschwinden und auf einem Tisch in einer Ecke des Studios wieder auftauchen. Über diesem Tisch hing eine elektronische Kamera, die das Schriftbild auf der Rolle abnahm und an einen Monitor weitergab. Der war, mit dem Bildschirm zur Decke, unterhalb der Kamera angebracht, in die ich während des Gesprächs mit dem Zuschauer hineinzublicken hatte. Vor der Optik stand, leicht angewinkelt, eine Scheibe aus Fensterglas. Auf ihr spiegelte sich, für das Publikum unsichtbar, die Schrift, die an den Monitor übermittelt worden war. Ich konnte also mühelos alles ablesen, was ich mir im Laufe eines langen Abends aufgeschrieben hatte. Petra Nowak in der Studioecke mußte nur aufpassen, daß sie die Rolle mit den Texten etwa mit der gleichen Geschwindigkeit über den Tisch zog, in der ich sprach. Daß ich las, müßte dem Zuschauer eigentlich verborgen geblieben sein, ich sah ihn ja an – und wer jemand furchtlos ins Auge schaut, der kann nicht zugleich auch einen Text studieren, den er in den Händen hält.

Kann er aber doch. Der Teleprompter macht's möglich – eine britische Erfindung, die, wie ich gerade merke, leichter zu bedienen als zu beschreiben ist. Fast jeder, der sich heute solo vor einer Studiokamera zu Wort meldet, benutzt einen Teleprompter, auch der Bundeskanzler bei seiner Neujahrsansprache. Er macht das übrigens ausgezeichnet, besser als mancher TV-Profi, den eine seltsame Starre befällt, wenn er zugleich Text und Kamera ins Auge fassen muß.

Man sieht – eigentlich kann dem *Tagesthemen*-Moderator nicht viel passieren. Normalerweise passiert ihm auch nicht viel, wenn er vorher seine Schularbeiten gemacht hat. Streß entsteht in den Stunden vor der Sendung. Damit fertig zu werden, entspannt im Studio zu sitzen, aber zugleich alles unter Kontrolle zu haben, das ist der Trick. Die halbe Stunde live vor der Kamera ist dann die geringste seiner Sorgen.

Schaltgespräche

Zu den Unwägbarkeiten, die selbst eine gut vorbereitete Sendung durcheinanderbringen können, gehört der Film, der nicht kommt, wenn er abgerufen wird, oder an der falschen Stelle erscheint. Vor allem aber gehört dazu das Schaltgespräch. Es ist inzwischen für jede Nachrichtensendung unverzichtbar, und für eine, die in Hamburg produziert wird, ganz besonders. Die Hansestadt liegt an der Peripherie der Republik, die meisten der Namen, die in den Nachrichten auftauchen, sind in Hamburg nicht zu finden. Wo diese »Newsmakers« wirken, ist das nächste Studio meist nicht weit – das Schaltgespräch bietet sich an, wenn von einer bestimmten Person Auskünfte eingeholt werden sollen.

In den ersten drei Jahren meiner Arbeit bei den *Tagesthemen* hatte ich Gesprächspartner in Washington und Moskau, Paris und Warschau, Frankfurt und München, nur nicht in Bonn. Dort aber, mehr als in jeder anderen deutschen Stadt, entstand ein großer Teil der Nachrichten, die allabendlich von Hamburg ausgestrahlt wurden. Das Befragen der Akteure jedoch hatten sich die Kollegen im Bonner ARD-Studio vorbehalten, vielleicht war es ihnen ja auch angetragen worden. Es entstand die absurde Situation, daß der *Tagesthemen*-Moderator mit Gott und der Welt parlieren durfte, nicht aber mit dem Bundeskanzler, dem Sprecher der

Opposition oder dem Chef des Roten Kreuzes. Für die Figuren des politischen Establishments am Rhein war er nicht zuständig. Über Ausnahmen konnte man reden – für das Interview mit einem Entwicklungshelfer aus Katmandu oder dem Leiter des Bonner Heimatmuseums wäre gegebenenfalls ein Studio bereitgestellt worden; aber dafür war in Hamburg selten Bedarf. Erst mit Fritz Pleitgens Amtsantritt als Chefredakteur des WDR ist dieser Unfug abgeschafft worden. Heute ist das Schaltgespräch zwischen Bonn und Hamburg die Selbstverständlichkeit, die es schon immer hätte sein sollen.

Das Schaltgespräch ist, für mich jedenfalls, die unangenehmste Form des Interviews. Man redet über große Entfernungen mit der elektronischen Ablichtung eines Menschen so, als ob er neben einem säße. Mir aber ist die physische Präsenz meines Partners wichtig. Ich will sie spüren, will auch die Möglichkeit haben, meinem Gegenüber, wenn es nicht ein Routinier ist, durch Augenkontakt oder eine sanfte Berührung – Hand auf dem Unterarm beispielsweise – die Nervosität zu nehmen und damit Ruhe zu vermitteln, Vertrauen zu schaffen. Durch die körperliche Nähe zweier Menschen, die sich natürlich nicht gräßlich unsympathisch sein dürfen, kann mit ein bißchen Glück in aller Öffentlichkeit eine Intimität entstehen, die zu erstaunlichen Offenbarungen führt.

In einer solchen Situation sprach der damalige Hamburger Bürgermeister Klaus von Dohnanyi von seinen Gedanken und Empfindungen im Zusammenhang mit der von Autonomen bewohnten und verbarrikadierten Hafenstraße. Deren gewaltsame Räumung zu fordern war im Hamburg der späten achtziger Jahre eine populäre Sache. Dohnanyi hatte sich dagegen entschieden. Was er jenseits der Senatsmitteilung und der juristischen Wertungen über die Menschen in der Hafenstraße und über ihren Platz in der Stadt dachte, das erläuterte er an zwei Abenden in den *Tagesthemen*. Diese leise, nachdenkliche Reflexion veränderte die Stimmung in der Stadt. Die Hafenstraße war auf einmal kein Thema mehr, und es vergingen Jahre, bis sie wieder eines wurde. Ich denke, ein Schaltgespräch – der eine im Rathaus, der andere im Studio – hätte eine solche Wirkung nicht haben können.

Gaddafi & Co.

Manchmal waren Schaltgespräche auch ein Stück Show Business. Daß wir vom libyschen Staatspräsidenten Muammar al-Gaddafi nicht das Eingeständnis erwarten durften, seine Terroristen seien die besten, daß er, im Gegenteil, heftig bestreiten würde, irgend etwas mit dem Mordkartell innerhalb der arabischen Welt zu tun zu haben, war uns klar, als wir über einen Mittelsmann die Möglichkeit bekamen, mit ihm ein Interview

zu führen. Uns interessierte natürlich auch die Giftgasproduktion in Rabita in der Libyschen Wüste, an der ein
badischer Unternehmer namens Hippenstiel offenkundig stark beteiligt war. Wir hatten uns unglücklicher-
weise mit den Libyern auf ein Live-Gespräch geeinigt,
und so hatte ich das zweifelhafte Vergnügen, aus dem
Munde des Obersten Gaddafi fast zwanzig Minuten
lang nur wirre Dementis zu hören. Nein, keine Unter-
stützung des internationalen Terrorismus durch Liby-
en, alles Verleumdung. In Rabita nur Herstellung von
Kunstdünger und Pharmazeutika, Giftgasproduktion
gar nicht möglich. Hippenstiel – nie gehört. Der Nachrichtenwert des Gesprächs war gleich Null. Aber wir
waren live in einem Vorort von Tripolis und konnten
ausgiebig Gaddafis Körpersprache studieren. Er saß
auf einem Feldstuhl vor einem Beduinenzelt, spielte
mit einem Stöckchen, wippte unablässig mit den Fü-
ßen, übte sich in großen Gesten und ließ auch auf große
Entfernung ahnen, warum er auf seine Landsleute offenbar charismatische Wirkung hat. Show Business.

Ähnlich unergiebig war unser Ausflug in den östli-
chen Teil der muslimischen Welt – nach Afghanistan.
Dort hatten die Sowjets nach dem Abzug ihrer Truppen
ein moskauhöriges Regime installiert, an dessen Spitze
ein Arzt namens Nadschibullah stand, der zugleich KP-
Chef war. Er hatte das Bedürfnis, sich den Staaten des
Westens als Friedensstifter vorzustellen, der eine Koalition mit den Mudjahedin anstrebte, den Rebellen in
den Bergen, die damals schon große Teile Afghanistans

kontrollierten. Es kam also ein Schaltgespräch zwischen Hamburg und Kabul zustande, wiederum live. Weil wir bei Gaddafi mit dem Übersetzer in Tripolis schlechte Erfahrungen gemacht hatten, bestanden wir dieses Mal auf einem eigenen Dolmetscher. Etwa eine Minute vor Beginn der Sendung meldete sich auf der Leitung aus Kabul eine deutsche Stimme mit der Mitteilung, Nadschibullah sei jetzt da und der Übersetzer auch. Auf meinen Hinweis, wir brauchten in Kabul keinen Dolmetscher, weil wir in Hamburg einen hätten, kam die Antwort, nur ihr Mann werde übersetzen, sonst keiner. Zu einer Auseinandersetzung war keine Zeit mehr, ein paar Sekunden später lief der Vorspann, und was wir danach erlebten, war ein Stück absurdes Theater. Auf keine meiner Fragen nach der Lage im Lande, nach den Bedingungen für eine Koalition mit den Aufständischen (die diese gar nicht wollten), nach der möglichen Machtverteilung in einem neuen Kabinett gab es eine Antwort, die auch nur in die Nähe dessen kam, was ich eigentlich wissen wollte. Hier redeten zwei Leute total aneinander vorbei.

Ein paar Tage später löste sich ein Teil des Rätsels. Gerd Ruge schickte uns aus Moskau ein Exemplar der *Prawda*. Darin abgedruckt war der Wortlaut eines Interviews, das der afghanische Präsident Nadschibullah mit dem deutschen Fernsehen geführt hatte. Es muß mein Gespräch gewesen sein, denn kein anderer Sender hatte sich in der fraglichen Zeit um ein Interview mit dem Häuptling von Kabul bemüht. Aber erkannt

251

hätte ich es nicht – keine einzige meiner Fragen war auch nur dem Sinn nach korrekt wiedergegeben. Nadschibullahs Antworten dagegen kamen mir, soweit ich sie überhaupt verstanden hatte, vage bekannt vor. Wir haben nie erfahren, ob der Dolmetscher in Kabul seine frommen Fragen aus lauter Angst vor dem Zorn des Diktators umformuliert hatte oder von vornherein als Puppe eines Bauchredners benutzt worden war. In der Redaktion beschlossen wir, mit solchen Ausflügen in die Semantik des Orients erst einmal Schluß zu machen.

Blackout

Im Herbst 1989 hatte mein Kollege Schmidt-Deguelle, *Tagesschau*-Redakteur beim Hessischen Rundfunk, auf dem Frankfurter Flughafen einen deutschen Studenten getroffen, der soeben aus Peking zurückgekehrt war. Wenige Tage zuvor hatte das chinesische Militär den Aufstand der Studenten auf dem Platz des Himmlischen Friedens blutig niedergeschlagen. Der junge Deutsche war, anders als die meisten seiner ausländischen Kommilitonen, in einem Wohnheim auf dem Campus der Pekinger Universität untergebracht gewesen, hatte also täglich engen Kontakt mit chinesischen Studenten gehabt. Über deren Ziele wußte man im Westen wenig.

Der Heimkehrer glaubte, sie zu kennen: den Aufständischen sei es auch um bessere Lebensbedingungen gegangen, vor allem aber um eine gründliche Reform des Systems, etwa so, wie sie in ihrem Land einigen Bürgerrechtlern in der damaligen DDR vorschwebte. All das erzählte mir der Student am Telefon, nachdem Schmidt-Deguelle ihn mit uns in Verbindung gebracht hatte. Wir verabredeten uns für den Abend zu einem Schaltgespräch in den *Tagesthemen.*

Im Ablauf der Sendung lief vor diesem Gespräch ein Bericht aus Peking, in dem Jürgen Bertram die Leidensgeschichte eines Chinesen beschrieb, der in den Tagen des Aufruhrs vor ausländischen Fernsehkameras regimekritische Bemerkungen gemacht hatte, nun aber von der Polizei aufgespürt, mißhandelt und ins Gefängnis geworfen worden war. Danach erschien mein Student auf dem Bildschirm, ich begann ihn zu fragen. Seine Reaktion kam sehr langsam, sie war eigentlich auch keine Antwort auf meine Frage. Ich nahm einen zweiten Anlauf, und wieder schien sich mein Gesprächspartner in Gedanken zu verheddern, die mit unserem Thema, den politischen Zielen der chinesischen Studenten, nicht viel zu tun hatten. Nach meiner dritten Frage sah er mich lange schweigend an, blickte dann zur Seite, stand auf und verschwand aus dem Bild. Ich konnte mir auf diese seltsame Veränderung eines Menschen, der am Nachmittag noch temperamentvoll von seiner Zeit in Peking erzählt hatte, keinen Reim machen. Sinngemäß sagte ich den Zuschauern, daß der lange Flug und die Erlebnisse in den Tagen zuvor wohl doch ihre Spuren hinterlassen hätten. Ich wünschte unserem Gast, er möge bald wieder auf die Beine kommen, und moderierte ziemlich ratlos den Rest der Sendung.

In der Nacht rief mich Schmidt-Deguelle aus Frankfurt an und beruhigte mich: Unser Student hatte offenbar einen Blackout gehabt. Der Beitrag über den mißhandelten Dissidenten vor unserer Schaltung zum Hessischen Rundfunk war ihm unter die Haut gegangen. Für ein paar Minuten schien ihn die Vorstellung zu quälen, er könne durch seine Auskünfte im deutschen Fernsehen vielleicht einen seiner chinesischen Kommilitonen ans Messer liefern. Dieser Gedanke mußte ihn so verwirrt haben, daß er einfach nicht mehr in der Lage war, unserem Gespräch zu folgen. Aber zum Zeitpunkt dieses Telefonats ging es ihm schon wieder gut; er stand neben Schmidt-Deguelle an der Theke und trank sein Bier.

Traumberuf

Von selbst wäre ich wohl nicht drauf gekommen, aber irgendwann las ich es in einer der Zeitungen mit den kleinen Preisen und den großen Überschriften: Ich hatte einen Traumberuf. Und tatsächlich – immer häufi-

254

ger fiel mir auf, daß Moderator sein für viele, vor allem aus der jüngeren Generation, offenbar die Erfüllung aller Träume bedeutet. Die Definition des Begriffs Moderator ist allerdings oft unscharf, eine ganze Reihe ehrbarer Tätigkeiten wird da vermengt: Sprecher, Reporter, Kommentator, Ansager, Diskjockey, Conférencier, Diskussionsleiter, Quizmaster und noch ein paar andere, bei denen der Ausübende normalerweise ein Mikrofon benutzt. Jeder moderiert irgendwie irgendwas – im landläufigen Verständnis gehört dazu auch die Stimme, die im Warenhaus die Sonderangebote anpreist oder bei der Bundesbahn die Anschlußzüge verkündet. Ein Volk von Moderatoren.

Mehr Spaß macht es natürlich beim Rundfunk, und am meisten beim Fernsehen. Unter den Bewerbern um eine freie Stelle in einer Fernsehredaktion sind nicht viele, die von vornherein sagen, sie hätten an Moderation kein Interesse. Manche zieren sich ein bißchen, aber wer ein bißchen bohrt, bekommt häufig die Auskunft: Ja, am liebsten Moderator. Auch unter denen, die schon im Funkhaus arbeiten, gibt es eine große Drängelei, wenn bekannt wird, daß ein Moderatorenposten zu besetzen ist. Und es sind keinesfalls nur Jüngere, die es vor die Kamera zieht. Auch manche Veteranen werden schwach bei dem Gedanken, regelmäßig auf dem Bildschirm zu erscheinen und endlich der entfernten Verwandtschaft beweisen zu können, daß man es beim Fernsehen zu etwas gebracht hat – zum Moderator gar.

Das ist seltsam, jedenfalls im journalistischen Bereich. Denn Moderieren ist ja, genaugenommen, Sekundärjournalismus. Jemand, der nicht selbst vor Ort war, präsentiert, erläutert oder ergänzt die Beiträge anderer Leute, Arbeiten, die in aller Regel die Substanz jeder Sendung sind. Gäbe es sie nicht, bräuchte man keinen Moderator. Trotzdem erscheint dessen Beruf vielen attraktiver als alle anderen journalistischen Tätigkeiten. Natürlich fehlt es auch nie an Bewerbern für jede Korrespondentenstelle, jeden Reporterplatz, jede Vakanz in der Redaktion. Aber die Erfahrung lehrt, daß die meisten der Auserwählten genauso gern, wenn nicht lieber, Moderatoren wären. Nur ist das Angebot erheblich größer als der Bedarf, vor allem bei ARD und ZDF.

Es gehört fast schon zum Geschäftsprinzip beider Systeme, erst einmal dem Chef Gelegenheit zu geben, die Produktionen seines hierarchischen Bereichs persönlich auf dem Bildschirm zu präsentieren. Sie wird gern genutzt. Mit einer Ausnahme (*Fakt* vom MDR) werden beispielsweise alle politischen Wochenmagazine von den jeweiligen Redaktionsleitern moderiert. Sie machen es nicht schlecht, aber manche machen es auch nicht besonders gut. Und solange sie es machen, hat eine mindere Charge in der Hierarchie keine Chance, höchstens mal im Sommer, als Urlaubsvertretung. Selbst wenn man allen moderierenden Magazinchefs ein überragendes journalistisches Talent unterstellt – das Aufspüren und Entwickeln von Themen, die Profilierung des Magazins durch eine eigene Handschrift, das behutsame Steuern eines Teams von Individualisten, all das muß der Chef können –, es hat mit der Arbeit vor der Kamera wenig zu tun. Da sind andere Qualitäten gefragt. Über die Fähigkeit, ein Programm überzeugend an das Publikum heranzutragen, zwischen Zuschauer und Programm eine Bindung zu schaffen, die auch mal eine Enttäuschung oder eine Meinungsverschiedenheit unbeschadet übersteht, sagt großes journalistisches Vermögen nicht viel aus. Es gibt Dutzende erstklassiger Journalisten in Deutschlands Funkhäusern, erstklassige Moderatoren aber sind knapp. Wie kommt das?

Moderieren ist eine Spezialistentätigkeit. Es gehören wie bei Sängern, Malern, Dichtern ein paar Eigenschaften dazu, die sich nicht erwerben lassen – genetische Mitbringsel sozusagen, für die jeder, der sie hat, dankbar sein sollte, wenn er denn unbedingt Moderator werden will. Im Grunde reicht es ja, wenn jemand möglichst vielen Menschen möglichst oft einigermaßen sympathisch ist – vorausgesetzt natürlich, daß er denen, die etwas vom Lauf der Welt erfahren wollen, nicht durch permanente Ahnungslosigkeit oder missionarischen Eifer wieder unsympathisch wird. Solche Naturtalente gibt es mehr, als das Programm verrät. Sie bleiben unerkannt, weil sie keiner sucht. Und es sucht sie keiner, weil man glaubt, sie nicht zu brauchen. Bei den Öffentlich-Rechtlichen ist es das Hauptabteilungsleiter-Syndrom, die Tradition der hierarchischen Erbhöfe, die den Wechsel verhindert (die *Tagesthemen* sind eine rühmliche Ausnahme). Die Privaten legen in ihren Nachrichtensendungen auf die Kombination von journalistischer Finesse und unverwechselbarer Bildschirmpräsenz offenbar keinen besonderen Wert. Bei ihnen sind es vor allem jugendliche Damen und Herren, die sich erkennbar Mühe geben, beispielsweise die Probleme in und um Bosnien auf die Reihe zu kriegen – für sich selbst und für die Zuschauer. Es gibt Ausnahmen: Peter Klöppel in den RTL-Nachrichten ist eine, Stefan Austs Riege bei *Spiegel-TV* eine andere. Aber am liebsten holt man sich die Namen neuer Moderatorinnen und Moderatoren aus der Mappe mit den Bewerbungsschreiben. Sie ist voller Briefe junger Leute, die ganz schnell berühmt werden möchten und deshalb zum Fernsehen wollen. Als Moderatoren selbstverständlich, was denn sonst?

Ich frage mich oft, warum das kommerzielle Fernsehen in Deutschland, dessen Programm ja fast vollständig amerikanischen, britischen oder niederländischen Modellen nachempfunden ist, nicht auch bei der Auswahl der handelnden Personen im Informationsbereich konsequent den fremden Vorbildern folgt. In den USA weiß man seit Jahrzehnten, daß »Anchormen« oder »Anchorwomen« für den Aufstieg oder den Niedergang eines Programms entscheidend sein können. Man nimmt sie so ernst, daß ihre Namen Teil des Sendetitels werden und im Handelsregister eingetragen sind: *The CBS Evening News with Dan Rather* oder

ABC World News Tonight with Peter Jennings. Man täte das nicht, wenn man nicht wüßte, daß es vor allem Rather und Jennings sind, die am Abend dafür sorgen, daß die Quoten stimmen. Und das schaffen die beiden Endfünfziger Tag für Tag mit seriöser politischer Berichterstattung ohne Krampf und Firlefanz, sogar ohne Wetter – das rettende Ufer so mancher Moderatoren hierzulande.

Der Anspruch an die anderen, die ein bißchen weniger prominent sind, ist nicht geringer. Sie moderieren mit der gleichen Professionalität, wie sie die Leute haben, von denen sie entdeckt worden sind. Der Name als Programm, das gibt es ja auch hier – Schreinemakers, Meiser, Christen. Aber es ist die leichte Kavallerie, die auf diese Weise von sich reden macht. Wenn es um den Ernst des Lebens geht, halten sich die Sender zurück. Die Öffentlich-Rechtlichen verstecken ihre Jennings und Rathers, die Privaten haben keine.

Die Schaltkonferenz

An jedem Wochentag um 14 Uhr versammeln sich in den elf Funkhäusern der ARD einige Damen und Herren um einen Tisch, auf dem ein paar Mikrofone stehen, die nur durch Knopfdruck aktiviert werden können. Von der Decke des Raums baumeln Lautsprecher.

Es beginnt die tägliche Schaltkonferenz der Chefredakteure. Neben den Delegationen der elf Sender nehmen daran auch die leitenden Leute von ARD-aktuell und des WDR-Studios in Bonn teil. Der dritte Gast dieses Elferklubs ist zugleich Gastgeber: es ist der Koordinator Politik, der in München sitzt, aber nicht beim Bayerischen Rundfunk, und in der nächsten Stunde Regie führt. Wenn sie Zeit und Lust haben, dürfen auch die *Tagesthemen*-Moderatoren dabeisein. Tun sie es, erleben sie ein lehrreiches Ritual und manchmal ein kleines Wunder.

Meist zeigt es sich erst am Abend, nämlich in einem Programm, das nur selten zu den Quotenrennern gehört, im großen und ganzen aber dem öffentlich-rechtlichen System keine Schande macht und manchmal sogar mit journalistischen Glanzlichtern aufwartet. Das Wunder besteht vor allem darin, daß dieses Programm überhaupt zustande gekommen ist, obwohl sich in der Stunde zwischen 14 und 15 Uhr – und auf den monatlichen Klausuren der Chefredakteure erst recht – regionaler Eigensinn und politische Befangenheit gelegentlich in einem Maße breitmachen, das jede einvernehmliche professionelle Lösung auszuschließen scheint. Irgendwie kommt es aber dann doch dazu. Der Zwang zur Gemeinsamkeit ist heilsam und lehrt die Kunst des Krötenschluckens. Für den Unterlegenen bleibt die Hoffnung auf den nächsten Tag, an dem sich vielleicht heimzahlen läßt, was heute offengeblieben ist.

Den Anfang machen die Planer von *Tagesschau* und

Tagesthemen. Sie tragen vor, was am Abend gesendet werden soll, soweit es sich um die Mittagszeit schon absehen läßt. Einwände kommen selten. Die Kritik am Programm des Vorabends übernimmt im Wochenturnus einer der elf Sender. Da geht man meist behutsam miteinander um, starke Worte über schwache Sendungen sind eher die Ausnahme. Fritz Pleitgen, lange Zeit Chefredakteur des WDR, jetzt Hörfunkdirektor, erklärt sich das so: »Diese Kritiklosigkeit ist eine Folge des Föderalismus. Denn wer heute etwas verreißt, muß damit rechnen, daß morgen seine Sendungen genauso verrissen werden.«

Spannender wird es bei Sondersendungen, wie beispielsweise dem *Brennpunkt.* Wenn sich das Thema geographisch festmachen läßt – an einem Ort, an einer Landschaft, an einer Region –, reklamiert der jeweils zuständige Sender Federführung und Präsentation. Und *ein* Funkhaus ist immer zuständig – für jedes Stückchen Deutschland, für jeden Teil der übrigen Welt, alles ist aufgeteilt. Wenn sich herausstellt, daß ein anderer Sender qualifiziertere Mitarbeiter hat als der, in dessen geographische Zuständigkeit der *Brennpunkt* fällt, kommt es fast immer zum Streit. Auf einmal spielen die guten Vorsätze, auf hundert Konferenzen hundertmal vorgetragen, daß nämlich die Besten in der ARD für die ARD gerade gut genug sind, keine Rolle mehr – die Kleinstaaterei hat das Wort: Was uns zusteht, das wollen wir auch haben. Was die anderen können, das können unsere Leute auch.

Dahinter steckt die Furcht, von Intendanten und Rundfunkräten gefragt zu werden, warum denn die Landesinteressen nicht »entschlossener« vertreten worden seien, oder der Wunsch des jeweiligen Chefredakteurs, auch mal wieder einen längeren Auftritt auf dem Bildschirm zu haben. Manchmal auch beides.

Der Kommentar

Kürzere, aber häufigere Auftritte verheißt der Kommentar in den *Tagesthemen*. Wer ihn spricht und welches Thema er hat, auch darüber entscheidet die tägliche Schaltkonferenz. Als ich in Hamburg noch ziemlich neu war, habe ich auf einer der monatlichen Klausuren der Chefredakteure in aller Unschuld gefragt, ob denn der tägliche Kommentar (Betonung auf »täglich«) wirklich nötig sei. Er werde vom Publikum nicht gerade dringend gefordert, und seine Qualität sei – na ja, unterschiedlich. Eisiges Schweigen zunächst und dann die kollektive Belehrung: selbstverständlich sei er nötig, das Programm brauche die individuelle Meinungsäußerung zu wichtigen Fragen. Sie sei ja durch den Moderator als persönliche Auffassung gekennzeichnet, auch jede Zeitung erlaube sich schließlich mindestens einen Leitartikel. Daß sich jede Zeitung auch ein Feuilleton, einen Wirtschaftsteil, ein Sportressort und mindestens eine Kultur- und Medienseite leistet, die *Tagesthemen* all das aber nur selten vorzuweisen haben – dieses Argument ging im Unmut der Runde unter.

Die Befangenheit der Chefredakteure erklärt sich leicht: In unterschiedlich großen Abständen tritt jeder von ihnen in den *Tagesthemen* auf. Der tägliche Kommentar ist ihre Bühne, die ihrer Stellvertreter und anderer leitender Journalisten in den elf Funkhäusern. Es gibt in der ARD eine Kommentatorenliste. Wer seinen Namen darauf findet, gilt im Verständnis der Hierarchie als Gesalbter, das Gedrängel ist groß. Hin und wieder wird die Liste durchforstet, um die Karteileichen zu begraben – die Namen von Mitarbeitern, die zwar dürfen, aber aus irgendeinem Grunde nicht wollen oder von ihren Chefredakteuren nicht nominiert werden. Ihr Pensum übernehmen andere gern. Siegfried Gottlieb zum Beispiel, stellvertretender Chefredakteur des Bayerischen Rundfunks; im Jahre 1994 war er einsame Spitze, jedenfalls in der Häufigkeit seines Erscheinens als Kommentator in den *Tagesthemen*.

Dafür kann er sich bei der Schaltkonferenz bedanken. Sie beschließt das Thema des Kommentars und benennt den Namen des Kommentators. Jeder Teilnehmer hat ein Vorschlagsrecht. Dann wird in zwei Durchgängen abgestimmt, erst über das Thema, dann über den Kommentator. Die einfache Mehrheit entscheidet.

Die Einrichtung des Kommentars ist sakrosankt – er

ist der einzige Teil der *Tagesthemen*, der die Redaktion sozusagen nichts angeht. Sie hat weder Einfluß auf sein Thema noch auf den Namen des Kommentators. Sie darf ihn nicht kürzen (er ist meistens zu lang, nie zu kurz), nicht mit aktualisierenden Zusätzen versehen und schon gar nicht wegwerfen, wenn sie glaubt, daß er nichts taugt. Sie muß ihn, so wie er ins Haus kommt, als gottgegeben hinnehmen und ausstrahlen. Wird sein Thema durch eine aktuelle Entwicklung überrollt, muß Ersatz her. Dann beginnt ein wildes Telefonieren, bis der Leiter der Schaltkonferenz oder sein Vertreter oder dessen Vertreter endlich gefunden ist und den Redakteuren in Hamburg den rechten Weg weist.

Mich stört am täglichen Kommentar zweierlei: die Prinzipienreiterei, die er deutlich macht, und die unterschiedliche Qualität. Meinungsjournalismus ist eine feine Sache, wenn er nicht so tut, als ob er ein Stück Berichterstattung sei. Das ist auch nicht das Problem, denn daß da einer seine persönlichen Ansichten verkündet, ergibt sich aus der Ansage. Aber eine klare, eindeutige Meinung zu einer bestimmten Sache kann ich oft nicht erkennen. Da wird einerseits zu bedenken gegeben, andererseits aber darauf hingewiesen, und am Ende bleibt irgend etwas abzuwarten. Was meint er denn nun eigentlich, der Herr Kommentator? Bei einigen Kollegen merkt jeder Zuschauer sofort, was Sache ist. Jürgen Engert gehört dazu, Marion von Haaren, Georg M. Hafner, Klaus Bednarz, Michael Geyer, Hans Lechleitner. Andere könnten in jedem Volontärkurs noch eine Menge lernen. Aber irgend jemand schiebt sie auf die Bühne – Fernsehen zum Selbermachen.

Und das an jedem Tag in der Woche? Es gab in meiner Zeit immer wieder Tage, nicht nur im Sommer, an denen sich wirklich nichts anbot, was für einen kritischen Kommentar zwingend gewesen wäre. Aber ein Thema wurde natürlich gefunden, das wäre ja noch schöner! Ein Tag ohne Kommentar ist ein Tag ohne Segen. Nur am Wochenende gibt es keinen Kommentar. Da haben die Chefredakteure frei.

Röhl

Im späten Sommer 1988 ging Edmund Gruber nach Köln. Die CDU-Mehrheit im Rundfunkrat des Deutschlandfunks hatte ihn zum Intendanten gewählt. Die Freude über diesen lang ersehnten Wechsel war in der Redaktion eher verhalten, auch bei mir. Denn es hatte sich herumgesprochen, wer bei ARD-aktuell sein Nachfolger werden würde: Henning Röhl, bis dahin Direktor des NDR-Landesstudios in Kiel. Ein mutiger Entschluß der ARD-Intendanten-Konferenz, denn Röhl hatte mit Fernsehen bis dahin nie etwas zu tun gehabt und sollte nun über Nacht das »Flagship« der ARD steuern, eine komplizierte TV-Maschine, die jeden Tag ein

Dutzend Sendungen produziert und das Material dafür auf verschlungenen Wegen aus der ganzen Welt heranschaffen muß. Intendant des NDR war damals Peter Schiwy, Röhls Parteifreund in der CDU und Sponsor des Mannes aus Kiel, der sich nach der Barschel-Affäre und der verheerenden Wahlniederlage der Union verständlicherweise vor der roten Flut an der Ostsee in Sicherheit bringen wollte. Die ARD bestand 1988 aus neun Sendern (inzwischen sind es elf), hatte also neun Intendanten. Wie es Schiwy damals gelang, Röhl als Fachmann zu kostümieren und seine Amtsbrüder in vier anderen Funkhäusern davon zu überzeugen, daß er der Richtige sei, bleibt ein Rätsel. Es sei denn, man unterstellt der knappen Fünfermehrheit in der Intendantenkonferenz, es sei ihr egal gewesen, ob Schiwys Kandidat ein großes Fernsehunternehmen leiten könne oder nicht – Hauptsache: das richtige Parteibuch. Mindestens einem der fünf, dem Intendanten des Hessischen Rundfunks, Professor Hartwig Kelm, eher ein Konservativer, war es nicht egal. Er hat mir später gesagt, er bedaure seine Entscheidung für Röhl. Er habe den Mann nicht gekannt und seine Qualifikationen in der Hast der Vorstellung durch Schiwy nicht hinreichend prüfen können.

Gebirgsjäger

Röhl wurde also mit fünf zu vier Stimmen zum Chef-redakteur von ARD-aktuell gewählt, die Ära Gruber ging unter neuem Namen weiter. Es wäre müßig, die Nuancen zu beschreiben, in denen sich die beiden unter-schieden. Beide waren stramme Parteisoldaten, stets be-müht, »dem Absender mehr zu dienen als dem Sender«, wie Fritz Pleitgen diese Art der Statthalterei genannt hat. Beide wußten, daß sie anordnen konnten, was mit dem Mittel der Überredung und Überzeugung bei ihren Mitarbeitern nicht durchzusetzen war. Beide machten gelegentlich davon Gebrauch; Gruber häufiger als Röhl, der eine heillose Angst vor schlechter Presse hatte.

Als der damalige Verteidigungsminister Rupert Scholz mit seinen Tieffliegern in die Bredouille geraten war und sich wünschen mochte, in den Medien auch mal was Nettes über sich und sein Amt zu erfahren, er-schien Röhl bei Helga Kipp-Thomas, einer erfahrenen Nachrichtenredakteurin, die unsere Inlandsbeiträge plante und koordinierte. Der Verteidigungsminister sei am nächsten Tag bei den Gebirgsjägern in Mittenwald, so Röhl, er wünsche darüber einen Filmbericht. Die Kollegin wußte, daß Röhl bei seinen häufigen Bonn-Be-suchen auch mal bei Rupert Scholz hereinschaute, und vermutete, daß einem Politiker aus nichtigem Anlaß ei-ne Freundlichkeit erwiesen werden solle. Nein, sagte sie, das ist keine Geschichte für uns, den Film drehen wir nicht. Dann ordne ich das an, schnaubte Röhl und verließ den Raum. Nun gut, dachte Helga ganz militärisch, Befehl ist Befehl, und markierte die Position 14 auf ihrem Ablauf: »Scholz bei den Gebirgsjägern in Mittenwald (Anordnung des Chefredakteurs).« Eine halbe Stunde später hatte sich die Sache erledigt, die Gebirgsjäger bei ARD-aktuell waren ersatzlos gestrichen. Die gewünschte Wirkung haben solche Manipulationen eben nur, wenn sie nicht aufgedeckt werden. Fünfzig Mitwisser in der Redaktion, so mochte sich Röhl gedacht haben, das kann nicht gutgehen. Es könnte ja sein, daß die Presse Wind von der Sache bekommt, und dann erscheint vielleicht irgendwo eine häßliche Personalie, und die Bonner Freunde wären enttäuscht, vielleicht sogar wütend.

Sowohl Gruber wie Röhl waren im Grunde ziemlich langweilige Menschen. Interessant sind sie nur, weil sich an ihnen die Symptome einer offenbar unheilbaren Krankheit aufzeigen lassen: die Dreistigkeit, mit der sich die Parteien in die Entscheidungsprozesse unabhängiger Rundfunkanstalten einmischen. Und die Willfährigkeit, mit der manche an der Spitze der Sender dies mit sich geschehen lassen.

Aber das ist das Schöne an vielen Parteibuch-Karrieren: In Häusern, die nicht von oben bis unten in die Abhängigkeit einer einzigen Partei geraten sind, haben sie nur selten die Wirkung, die sich die Fernsteuerer davon versprechen. ARD-aktuell ist dafür ein gutes Beispiel. Zehn Jahre, von 1981 bis 1991, hatten *Tagesschau* und *Tagesthemen* stockkonservative Redaktionsleiter, von denen jeder wußte, mit wessen Hilfe sie in ihre Ämter gekommen waren. Geholfen hat diese Protektion weder den Sponsoren noch den beiden Nutznießern. *Tagesschau* und *Tagesthemen* sind geblieben, was sie immer waren: faire, gut gemachte Nachrichtensendungen, ein bißchen brav vielleicht, aber frei vom Verdacht, einer Partei oder irgendeiner anderen Institution im Lande zu Diensten zu sein. Nicht, weil die Chefs plötzlich vom Licht der Aufklärung geblendet worden wären, sondern weil sie auf eine Redaktion trafen, der die Glaubwürdigkeit des Programms wichtiger war als das Wohlgefallen der Obrigkeit. Das hat sie sich immer etwas kosten lassen – schlechte Luft und unbequeme Auseinandersetzungen, für den einzelnen oft auch Verzicht auf berufliches Fortkommen. Das war der Preis der Unabhängigkeit. Wer sein Handwerk versteht, braucht kein Parteibuch.

Stacheldraht

Am 2. Mai 1989 sendete die *Tagesschau* einen Bericht von der österreichisch-ungarischen Grenze. Es war ein Bild darin, das ich nie vergessen werde: Ein uniformierter Ungar knipst mit einer Metallschere ein Stück

Stacheldraht aus einem Zaun. Die Symbolik war klar. Der Zaun hatte seine Funktion verloren, die Grenze sollte nicht mehr unüberwindliches Hindernis sein, in den Eisernen Vorhang hatten die Ungarn in aller Öffentlichkeit ein Loch hineingeschnitten. Wir wußten es nicht, ahnten es vielleicht – es war der Anfang vom Ende des Ostblocks und einer Tyrannei, die fast ein halbes Jahrhundert europäischer Geschichte bestimmt hatte.

Unsere treuesten Zuschauer lebten damals in der DDR. Die Signalwirkung des Bildes von der Grenze war gewaltig – über Nacht schwoll der Strom der Menschen, die über die CSSR und Ungarn den Westen zu erreichen hofften, noch einmal an. Dabei hatten wir in der Redaktion schon in den Wochen vorher über kaum etwas anderes berichtet als über den anscheinend unaufhaltsamen Verfall der DDR. Am deutlichsten zeigte er sich in der Entschlossenheit Zehntausender, alles aufzugeben und zurückzulassen, nur um dem real existierenden Sozialismus nach dem Muster der SED zu entkommen.

Wenn ich die Programmabläufe jener Zeit durchblättere, finde ich an fast jedem Tag Beiträge aus Ostberlin, aus Prag, Budapest und mindestens einer der provisorischen Unterkünfte in Westdeutschland, die für die Flüchtenden eingerichtet worden waren. Was sie zu erzählen hatten, vertrug sich überhaupt nicht mit der falschen Zuversicht, die das Regime in seinen Medien zur Schau stellte. Selbst in ruhigeren Zeiten war die *Aktuelle Kamera* keine ernsthafte Konkurrenz für *Tagesschau* und *Tagesthemen*. Ich hatte es mit Freude festgestellt, wenn ich vor dem Fall der Mauer jeden Sommer für zwei Wochen kreuz und quer durch die DDR fuhr, um herauszufinden, ob es uns gelungen war, auch die Ostdeutschen einigermaßen solide zu informieren. Jetzt wirkte die *Aktuelle Kamera* mit ihren hysterischen Beschwichtigungen und ihrem Provokationsgeschwafel wie eine Parodie auf die Realitäten im Lande. Die kannte jeder in der DDR – wenn nicht aus eigener Anschauung, dann aus der Bilderflut, die allabendlich durch die elektronischen Medien aus Westdeutschland über die Grenze kam.

Leipzig

Am eindrucksvollsten hatten sich Hoffnung und Verzweiflung der Menschen in den späten Sommermonaten auf den Montags-Demonstrationen in Leipzig manifestiert. Über sie zu berichten wurde zunehmend schwerer. Wenn das DDR-Außenministerium unseren Ostberliner Korrespondenten Claus Richter, Horst Hano und Hans-Jürgen Börner die Genehmigung für die Reise nach Leipzig verweigerte, fanden die drei trotzdem meist einen Weg, um an Bilder heranzukommen. Sie

271

stammten aus Quellen, die wir damals verschleiern mußten – der »Geschäftsmann aus Italien« war in Wirklichkeit
ein Video-Amateur aus Berlin, der aus versteckten Win-
keln drehte, was sich auf Leipzigs Straßen ereignete.

Am ersten Montag im Oktober war es dort und in
anderen Städten der DDR zu Gewalttätigkeiten gekommen. Polizisten waren daran beteiligt, mit Gummi-
knüppeln und Wasserwerfern, aber auch Demonstranten, die Pflastersteine geworfen, Fensterscheiben
zerschlagen und Autos in Brand gesetzt hatten.

In der *Leipziger Volkszeitung* erschien ein drohender
Artikel, in dem es hieß: »Die Angehörigen der Kampf-
gruppen-Hundertschaft ›Hans Geiffert‹ verurteilen,
was gewissenlose Elemente seit einiger Zeit in der
Stadt Leipzig veranstalten ... Wir sind bereit und wil-
lens, das von unserer Hände Arbeit Geschaffene wirksam zu schützen, um diese konterrevolutionären Ak-
tionen endgültig und wirksam zu unterbinden. Wenn
es sein muß, mit der Waffe in der Hand.«

Bei den Feiern aus Anlaß des 40. Gründungstages der
DDR am 7. und 8. Oktober war es in Berlin zu blutigen
Zusammenstößen zwischen Polizei und Demonstranten gekommen. Beim Gedanken an die Montags-De-
monstration am 9. Oktober bekamen es viele Leipziger
mit der Angst zu tun. Sie fürchteten, ein nervös gewor-
denes Regime könne sich für die chinesische Lösung
entscheiden und auf Demonstranten schießen lassen,
wie es kurz zuvor auf dem Platz des Himmlischen Friedens die Machthaber in Peking angeordnet hatten.

Am Nachmittag des 9. Oktober erreichte mich der Anruf eines Mitarbeiters der »Initiative für Frieden und Menschenrechte«. Er beschrieb die Befürchtungen der Leipziger und teilte mir weiter mit, daß der Stadtfunk soeben einen Appell verbreitet habe, in dem Partei- und Staatsführung aufgefordert worden seien, unter allen Umständen auf die Anwendung von Gewalt zu verzichten. Unterzeichnet war der Aufruf von einem Pfarrer, einem Kabarettisten, dem Dirigenten Kurt Masur und von drei Funktionären der SED-Bezirks- leitung. Das war neu – zum ersten Mal hatten bekann- te SED-Leute den Kopf aus der Deckung gehoben. Bild- leitungen nach Leipzig gab es natürlich nicht, die Auf- nahmen unseres »italienischen Geschäftsmannes« würden uns erst am nächsten Tag erreichen. So sprach ich in der Sendung am Abend des 9. Oktober, wiederum telefonisch, mit dem Leipziger Pfarrer Wonneberger, der erleichtert erzählte, daß der Protestmarsch von 70 000 Menschen durch die Innenstadt tatsächlich oh- ne Zwischenfälle verlaufen sei. Die Lage war kritisch – medizinisches Personal war zu einer Nachtschicht zwangsverpflichtet worden, Blutkonserven standen bereit, ganze Krankenhausstationen waren vorsichts- halber schon geräumt worden. Aber die friedliche Er- fahrung am 9. Oktober hatte Mut gemacht – am Montag darauf waren es 120 000 Menschen, die auf die Straße gingen.

In den nächsten Wochen widmeten sich unsere Kor- respondenten intensiv der Opposition. Es hatte sich ei-

ne Fülle von Gruppierungen gebildet, von denen wir
wenig wußten und die wir in ihrer Wirkung auf die
friedliche Revolution in der DDR wohl auch unter-
schätzt hatten. Ich sprach mit Rainer Eppelmann, Bär-
bel Bohley, Ingrid Köppe, Friedrich Schorlemmer, Gerd
Poppe, Stefan Heym, auch mit Ibrahim Böhme, der später als Stasi-Spitzel entlarvt wurde. Die Gruppen hatten
ganz unterschiedliche politische Ziele, und auch me-
thodisch gingen ihre Auffassungen weit auseinander;
die einen wollten Partei werden, die anderen lieber
Bürgerbewegung bleiben. Aber eines verband sie alle:
Das System, das sie vierzig Jahre unterdrückt hatte,
mußte zerschlagen werden.

Unsere Entscheidung, an einem Montag Anfang November die *Tagesthemen* komplett aus Leipzig zu fah-
ren, bereuten wir schnell. Die Chartermaschine kam in
dicken Nebel und mußte nach Dresden umgeleitet
werden. Als ich auf dem Platz vor der Oper ankam,
Punkt 22.30 Uhr, gerade rechtzeitig zum Sendebeginn,
waren alle Demonstranten längst zu Hause. Ein paar
ältere Leipziger, die ihre Hunde ausführten, versuchten mich zu trösten: ich solle doch froh sein, daß niemand mehr da sei. Es bedeute nämlich, daß die meisten zu Hause vor dem Fernsehapparat säßen, um die
Tagesthemen anzuschauen. Das sei üblich in Leipzig –
am Montagabend um halb elf wolle man sehen, was
sich an der Demonstrationsfront im Lande, auch in der
Stadt, zugetragen habe. Vom eigenen Fernsehen erfah-
re man es ja nicht.

Am 9. November saß ich in meinem Büro und sah die Übertragung der Pressekonferenz, auf der das Politbüro-Mitglied Günther Schabowski die Journalisten fast eine Stunde mit wenig interessanten Mitteilungen bediente, bis er kurz vor sieben Uhr den Zettel aus der Jackentasche zog, der die Welt verändern sollte. Die SED hatte sich zu einem Stück Reisefreiheit durchgerungen. Das war klar, aber nach den Unruhen der letzten Wochen nicht erstaunlich. Die Einzelheiten verstanden wir sowenig wie Schabowski, der sie vorgelesen hatte. Wir telefonierten unablässig mit Berlin und beobachteten die Kollegen auf den anderen Sendern, die aber auch nicht mehr zu wissen schienen als wir. Es tat sich was hinter der Mauer, aber was? Auch das *heute-journal* um 21.45 Uhr brachte keine Erleuchtung. Dann kam kurz nach 22 Uhr der erlösende Anruf vom SFB: die Mauer sei auf, die ersten Ostberliner seien auf dem Weg in den Westen.

Der SFB-Reporter Robin Lautenbach sauste mit einem kleinen Übertragungswagen zum Grenzübergang Invalidenstraße, doch ausgerechnet dort war die Mauer noch dicht. Ein Kollege an einem der anderen Übergänge half aus und brachte ein paar Ostberliner mit dem Taxi zur Invalidenstraße. Robin Lautenbach hatte endlich Menschen vor Mikrofon und Kamera, die Unglaubliches erzählten: Sie waren von Berlin nach Berlin gekommen, ohne Gefahr und Widerspruch, ohne Stempel und Passierschein, ohne die Angst, nie wieder zurückkehren zu können. Es wurde eine lange Nacht

überall im Lande, auch in unserer Redaktion. Daß wir
die ersten waren, die den Menschen in der DDR vom
Fall der Mauer Mitteilung machen konnten, fiel uns
erst später auf.

Zum Schluß das Wetter ...

Es ist jetzt gut drei Jahre her, seit in den *Tagesthemen*
– nach dem Wetter und vor dem Abspann – eine Darbie-
tung zu sehen war, die nicht im Ablauf stand, keinerlei
Nachrichtenwert hatte und mich trotzdem bewegte bis
an die Grenzen tränenfeuchter Rührung: Die eisernen
Studioportale öffneten sich, und herein kamen, ange-
führt von Heiko Engelkes, alle, die an diesem Abend
Dienst hatten, und noch ein paar Dutzend mehr – um
mir Lebewohl zu sagen, Blumen zu schenken und
Glück zu wünschen für die Zeit nach den *Tagesthemen*,
für den Ruhestand also. Sie hatten ihren Auftritt am Tag
zuvor sogar geprobt, mir war es nicht aufgefallen.

Eine solche Szene vergißt keiner leicht, schon gar
nicht, wenn er, wie ich, als Außenseiter vom anderen
Kanal gekommen war. Ich war zwar schon ein bißchen
länger bei der *Tagesschau* als selbst die Veteranen in
der Redaktion. Aber zu deren Renommee, in einem
flüchtigen Medium solider zu sein und besser zu arbei-

ten als jede andere, habe ich nichts beigetragen. Es ist eine unbequeme Redaktion, die sich vor Macht nicht fürchtet und keiner Auseinandersetzung aus dem Wege geht, wenn sie ihre Maßstäbe in Gefahr sieht. Chefs und Moderatoren beäugt sie skeptisch. Sie will wissen, ob einer sein Handwerk beherrscht und es ausübt, so gut er's kann, oder ob er sich als »Star« aufspielt und auf Ovationen lauert. Wer diesen Solidaritätstest besteht, der ist bei den Profis in Lokstedt gut aufgehoben und war es auch in turbulenten Zeiten wie in den Gruber- und Röhl-Jahren zwischen 1981 und 1991.

Was ich schon lange vor meinem Abschied ahnte, hat sich bestätigt: Ein sinnvolles Leben ist auch ohne Fernsehen möglich. Nicht ganz ohne Fernsehen natürlich, der Apparat ist noch da. Aber Uli Wickert und allen anderen schaue ich gern zu, ohne je den Wunsch zu verspüren, noch mal mit einem von ihnen zu tauschen. Entzugserscheinungen, wie sie offenbar den einen oder anderen Kollegen quälen, sind mir fremd. Es genügt mir, ein paarmal im Jahr in der ZDF-Reihe *Wunderbare Welt* die Schätze der »National Geographic Society« vor den Zuschauern ausbreiten zu können, und es freut mich, daß es dafür trotz kreischender Unterhaltung auf nahezu allen Kanälen ringsum Millionen von Interessenten gibt. Hin und wieder erzähle ich jüngeren Journalistinnen und Journalisten etwas vom Handwerk und übe es mit ihnen. Leider gelingt es mir nur selten, sie davon zu überzeugen, daß Reportieren meist lohnender ist als Moderieren.

Was an Zeit bleibt, und es bleibt viel, verbringe ich gern mit der Suche nach kleinen weißen Bällen in undurchdringlichem Buschwerk in ansonsten schöner Landschaft. Manchmal finde ich einen Ball, manchmal sogar meinen, dann ist wieder ein Tag gerettet.

Inhalt